KARL TSCHUPPIK

ELISABETTA

IMPERATRICE D'AUSTRIA

VITALIS

Indice

Tabella cronologica 4
Tra sogno e realtà 13
L'autorità alla corte di Vienna: l'arciduchessa Sofia 14
L'imperatore Francesco Giuseppe cerca moglie 15
Le radici di Elisabetta 19
L'addio all'infanzia: il fidanzamento a Ischl 20
Con la barca nuziale verso Vienna 24
Le nozze con l'imperatore Francesco Giuseppe I 29
I primi conflitti alla corte imperiale 34
L'ansiosa attesa del successore al trono 39
Il principe ereditario Rodolfo 43
La fuga dagli obblighi di corte 46
La vita da viaggiatrice, l'amore per il mare 49
L'incoronazione in Ungheria 52
Amici e nemici nel mondo della corte 55
Le particolarità di Elisabetta 58
Le nozze d'argento 64
Heine e Schopenhauer nella solitaria Hermesvilla 67
Il suicidio del principe ereditario Rodolfo 70
L'Achilleion a Corfù 78
Una confidente dell'imperatore: Caterina Schratt 86
In Ungheria per la festa dei mille anni 89
La morte di Sofia, sorella di Elisabetta 92
Gli ultimi viaggi senza sosta 93
La morte di Elisabetta 97

L'autore. A nord di Praga, nel pittoresco paesaggio della città del vino Mělník, si trova il luogo natio di Karl Tschuppik (1876–1937). Tuttavia l'attivo giornalista, pubblicista e storico si sentiva a casa soprattutto nella vecchia Austria – dove fu posta la base della sua carriera: lo stretto rapporto di amicizia con Joseph Roth, Alfred Polgar e Alexander Roda Roda. Come storico Tschuppik si dedicò al vecchio mondo nelle sue opere *Franz Joseph I. Der Untergang eines Reiches (Francesco Giuseppe I. Il tramonto di un impero)* del 1928, *Elisabeth. Kaiserin von Österreich (Elisabetta. Imperatrice d'Austria)* del 1929 e *Maria Theresia (Maria Teresa)* del 1934, dimostrando di possedere uno sguardo esperto per i nessi politici e la sensibilità del grande narratore per i dettagli. La sua ultima opera, il romanzo *Ein Sohn aus gutem Hause (Un figlio di buona famiglia)* del 1937, è diventato un grosso successo cinematografico nel 1989.

Pagina di copertina (pagina 1): ritratto della giovane imperatrice con mantello di ermellino, intorno al 1855.

A sinistra: Franz Xaver Winterhalter, *l'imperatrice Elisabetta con stelle di diamante*, 1865.

Johann Josef Reiner, *Attentato al ventitreenne imperatore alle fortificazioni, nelle vicinanze della Kärntnertor*, 1853.

"Francesco Giuseppe I, imperatore d'Austria, il 18 febbraio 1853 è stato ferito alla nuca da mano traditrice. Grazie alla Provvidenza divina è stato possibile al colonnello conte O'Donell, aiutante di campo di Sua Maestà e a Josef Ettenreich, cittadino viennese, salvare il sacro capo dell'imperatore da morte sicura. Ringraziando Dio, dedica questo dipinto Ferdinand Braunsteiner."

18/8/1830. A Vienna nasce Francesco Giuseppe.

24/12/1837. A Monaco nasce Elisabetta.

1845. I primi lampioni a gas illuminano le vie e le piazze di Vienna.

1848. Rivoluzione a Vienna. In ottobre cannoneggiamento e assalto alla città.

2/12/1848. Ascesa al trono dell'imperatore Francesco Giuseppe I.

1849. L'Ungheria viene sopraffatta con l'aiuto militare della Russia.

1850. Vienna, dopo l'incorporazione delle aree periferiche fino alla Linienwall, conta 431.000 abitanti.

18/02/1853. Attentato all'imperatore Francesco Giuseppe I ad opera del sarto János Libényi a Vienna.

Luglio 1853 – marzo 1856. Guerra di Crimea. La Russia deve cedere alla Francia la sua posizione di supremazia in Europa. Nasce un'inimicizia fra l'Austria e la Russia.

18/08/1853. Fidanzamento dell'imperatore Francesco Giuseppe I e della duchessa Elisabetta.

24/04/1854. Francesco Giuseppe e Elisabetta si sposano nella Chiesa degli Agostiniani di Vienna.

5/03/1855. Nasce la prima figlia di Elisabetta, la duchessa Sofia († 1857).

15/03/1856. Nasce la seconda figlia di Elisabetta, la duchessa Gisella.

Il feldmaresciallo Conte Radetzky con il suo stato maggiore sui campi di battaglia dell'Italia settentrionale, intorno al 1850.

Novembre 1856. Francesco Giuseppe ed Elisabetta visitano Venezia. Gli italiani riservano alla coppia imperiale una fredda accoglienza.

Gennaio 1857. La coppia imperiale visita Milano.

1857. Apertura delle fortificazioni viennesi (demolizione 1858–76).

21/08/1858. Nasce il principe ereditario Rodolfo.

Giugno 1859. Guerra dell'Austria contro il Regno di Sardegna e la Francia. Sconfitte nelle battaglie di Magenta e Solferino.

Novembre 1859. Nella pace di Zurigo l'Austria deve rinunciare alla Lombardia.

Febbraio 1861. Fuga della coppia imperiale dal Regno delle Due Sicilie.

In alto: immagine finale della Dieta dei Principi a Francoforte, il 1° settembre 1863, nel giardino del palazzo di Thurn e Taxis. L'imperatore Francesco Giuseppe è sulla scala in uniforme bianca, affiancato dal re di Baviera (a sinistra) e dal re di Hannover (a destra).

In basso: la Ringstrasse in prossimità della Burgtor (Porta del castello), intorno al 1870.

Marzo 1861. Vittorio Emanuele diventa re d'Italia.

1861. Libere elezioni del consiglio comunale a Vienna: i liberali ottengono la maggioranza (fino al 1896).

Settembre 1862. Otto von Bismarck diventa primo ministro della Prussia.

Agosto 1863. Assemblea della Dieta dei Principi a Francoforte. Ancora una volta Francesco Giuseppe cerca di affermare il suo ruolo di guida nella Confederazione tedesca.

Alexander von Bensa, *Attacco degli Ulani di Trani nella battaglia di Custoza*, 1877.

Aprile 1864. Il duca Massimiliano accetta la corona imperiale del Messico.

1864. Austria e Prussia si alleano nella guerra contro la Danimarca (guerra dello Schleswig-Holstein).

1865. Viene aperta una prima parte della Ringstrasse.

Giugno/luglio 1866. Guerra austro-prussiana. Nella battaglia di Königgrätz, il 3 luglio 1866, l'Austria viene sconfitta dalla Prussia.

Giugno/luglio 1866. Terza Guerra d'Indipendenza Italiana (battaglie di Custoza e Lissa, vinte dagli Austriaci).

Agosto 1866. Pace di Praga: l'Austria non deve cedere nessun territorio alla Prussia; la Confederazione tedesca viene sciolta. Venezia viene ceduta all'Italia.

1867–1871. Beust occupa il posto di primo ministro e di cancelliere del regno.

8/06/1867. Incoronazione di Francesco Giuseppe come re d'Ungheria.

19/06/1867. L'imperatore del Messico Massimiliano, fratello minore di Francesco Giuseppe, viene giustiziato dopo un cambio di potere.

In alto: portale d'entrata principale dell'esposizione mondiale a Vienna, fotografia di Josef Löwy, 1873.

In basso: il principe ereditario Rodolfo e la principessa Stefania del Belgio, intorno al 1880.

Agosto 1867. Francesco Giuseppe e Napoleone III si incontrano a Salisburgo.

22/04/1868. Nasce l'arciduchessa Valeria.

1869. Inaugurazione del Teatro dell'opera di corte.

1870–71. Guerra franco-tedesca. La Francia diventa una repubblica, la Germania un impero.

1870–73. Costruzione del primo acquedotto che porta l'acqua delle sorgenti di montagna a Vienna.

1870–75. Opere di regolazione del Danubio.

1871–79. Gyula Andrássy ministro degli esteri austro-ungarico.

28/05/1872. Muore l'arciduchessa Sofia.

21/04/1873. Luigi Luccheni, futuro assassino dell'imperatrice Elisabetta, nasce il 21 aprile a Parigi.

1873. Esposizione mondiale a Vienna; crollo della Borsa; scoppia un'epidemia di colera a Vienna.

1874. Viene inaugurato il Cimitero centrale di Vienna.

1875. Muore l'imperatore Ferdinando I, il suo erede principale è Francesco Giuseppe I.

1878. Occupazione di Bosnia ed Erzegovina, province precedentemente appartenute alla Turchia.

Ottobre 1879. Germania ed Austria stringono la Duplice Alleanza.

1879–93. Durata del mandato di Eduard Taaffe come primo ministro.

1881. Matrimonio del principe ereditario Rodolfo con Stefania del Belgio.
Incendio al Ringtheater

Maggio 1882. Nasce la Triplice Alleanza fra Austria, Italia e Germania.

A SINISTRA: l'incendio al Ringtheater in una litografia colorata dell'epoca.

A DESTRA: Hermann Nigg, *Ritratto di Karl Lueger (1844–1910) in costume storico e con medaglia d'onore*, 1876.

1885. Prima seduta del consiglio comunale nel nuovo palazzo comunale di Vienna.

13/06/1886. Muore re Ludovico II di Baviera.

GIUGNO 1888. Ascesa al trono dell'imperatore Guglielmo II.

15/11/1888. Il padre di Elisabetta, il duca Massimiliano, muore in seguito ad un ictus.

31/01/1889. Suicidio del principe ereditario Rodolfo a Mayerling.

18/02/1890. Muore Gyula Andrássy.

LUGLIO 1890. Matrimonio di Valeria con il granduca Francesco Salvatore.

IN ALTO: l'Hofburg viennese in un'immagine aerea intorno all'anno 1900.

PAGINA A FRONTE: Franz Schrotzberg, *La futura sposa imperiale Elisabetta all'età di 16 anni*, intorno al 1853.

1892. Dopo la rimozione della Linienwall e l'incorporazione delle aree periferiche Vienna conta 1.365.548 abitanti.

1895. Nelle elezioni del consiglio comunale di Vienna i cristiano-sociali, guidati dal Dr. Karl Lueger, ottengono la maggioranza.

1897. Gravi contrasti fra le nazionalità dell'impero in seguito alla crisi di Badeni. A Vienna entra in funzione la prima linea di tram elettrici.

1897. Il 4 maggio Sofia, la sorella minore di Elisabetta, muore in un incidente a Parigi.

1897. Elisabetta festeggia il suo sessantesimo compleanno all'hotel Dominici a Parigi.

10/09/1898. Assassinio dell'imperatrice Elisabetta a Ginevra.

21/11/1916. A Vienna muore l'imperatore Francesco Giuseppe.

L'imperatrice Elisabetta, in vita compresa da pochi, è rimasta anche dopo la morte una figura avvolta nel mistero, con la sua vita insolita come la sua morte, e il suo essere che non si apriva facilmente agli occhi che la osservavano. La bella principessa sedicenne, strappata da uno scherzo del destino al suo mondo delle favole e al paesaggio di fantasia dei Wittelsbach, divenne consorte del cugino, l'imperatore Francesco Giuseppe, e come tale si trovò a vivere un'esistenza caratterizzata da conflitti, tormenti e dolore. Il matrimonio, la corte dei Lothring che le era estranea, la madre di Francesco Giuseppe, la ragion di Stato e la tensione emotiva legata al suo grado imprigionarono la giovanissima e romantica principessa come mura nemiche. Elisabetta cerca di fuggire al matrimonio e alla corte, senza tuttavia prendere la decisione di liberarsi e ritrovare la libertà.

PAGINA A FRONTE: *Elisabetta tiene in mano un medaglione con il ritratto del suo promesso sposo*, intorno al 1854.

Elisabeth

Uscita in carrozza dell'imperatrice Elisabetta al Prater di Vienna, intorno al 1860.

L'autorità alla corte di Vienna: l'arciduchessa Sofia

Per ventiquattro anni è stata la madre dell'imperatore a prendere le decisioni a corte. [...] È stata erroneamente paragonata a Maria Teresa. La madre di Giuseppe II era tanto dissimile dalla madre di Francesco Giuseppe quanto l'imperatore Giuseppe lo era dall'imperatore Francesco Giuseppe. Ciò che distingueva l'arciduchessa Sofia dall'arguta e pratica imperatrice era il suo moralismo, lontano dalla vita reale. Maria Teresa governava, l'arciduchessa Sofia predicava. Era convinta che la gente dovesse essere migliorata secondo le proprie vedute. Non perdeva occasione per pronunciarsi e convincere. Una volta, durante una passeggiata intorno a Innsbruck, conobbe la poetessa tirolese Walpurga Schindl, figlia di una locandiera. Con questa persona, tormentata da idee patriottiche e religiose, mantenne

A SINISTRA: la prima fotografia della principessa (Alois Löcherer, 1852/53).

A DESTRA: La suocera di Elisabetta, l'arciduchessa Sofia d'Austria, fotografia del 1864 circa.

una lunga corrispondenza epistolare. Sapeva essere buona e superare le cose umane quando si sentiva strumento della giustizia divina, ma tanto più severamente perseguitava ogni aspirazione liberale. Dopo l'attentato all'imperatore, andò a «pregare per l'assassino di suo figlio» e fece in modo che Francesco Giuseppe si occupasse della madre dell'attentatore giustiziato; allo stesso tempo, però, approvò il patibolo eretto per i criminali politici e si preoccupò personalmente che nessun malfattore vi sfuggisse. L'odiosa persecuzione del filosofo contadino di Goisern, Konrad Deubler[1], va ricondotta a un suo ordine. Tuttavia non era affatto puritana. Lei stessa desiderava che l'imperatore si divertisse e si godesse la vita.

Anton Einsle, *Francesco Giuseppe dopo aver assunto il governo*, 1849.

L'imperatore Francesco Giuseppe cerca moglie

Solo nel breve periodo fra il 1849 e il febbraio del 1851 l'arciduchessa Sofia dette ben sette balli. Durante questi mesi Francesco Giuseppe si comporta come un figlio modello. Balla poiché sua madre lo desidera. La baronessa Scharnhorst scrive a questo proposito nelle lettere ad un'amica: «L'imperatore balla volentieri ed in maniera eccellente, senza volerlo adulare è il miglior ballerino ed il più instancabile. È impossibile dire quale ne sia l'evoluzione. Gli ufficiali ballano per dovere e piacere secondo le proprie capacità, le contesse si crogiolano nella gioia di essere la prescelta dell'imperatore. Volano da lui come richiamate dal corno di Oberon e si godono appieno la propria fortuna... Oltre a Sua Maestà ballano anche sei arciduchi, l'arciduca Guglielmo, due fratelli dell'imperatore e tre figli di Rainer, e tutti lo fanno con passione. Il fior fiore delle giovinette è di gran lunga inferiore rispetto a qualche anno fa, ma alcune belle giovani donne adornano i balli e danzano con impeto». Fra di loro vi era la bella contessa ventinovenne Elisabetta Ugarte che Francesco

Giuseppe distingueva in modo particolare. Lei stessa racconta ad un'amica: «Sono affascinata dai balli a corte, poiché ogni volta ballo con il nostro delizioso imperatore. Già due volte abbiano ballato il cotillon che, come ti potrai immaginare, ha suscitato molto scalpore ed ha un po' lusingato *ma petite vanité*[2]. Sono incantata dal nostro amatissimo monarca che racchiude in sé tutto quanto di buono si può immaginare. È anche amabile nella conversazione e la stima aumenta ogni volta che si parla con lui». La contessa è piaciuta molto all'imperatore, ma non a sua madre. Poco dopo questa vistosa preferenza, perde i suoi favori. La baronessa Scharnhorst annota: «La Ugarte danza come una diciottenne, ma qualcosa è mutato. Pensa che Sua Maestà non balla più con lei o ci balla raramente. Lei

Francesco Giuseppe e i suoi fratelli Carlo Ludovico, Massimiliano, e Ludovico Vittore.

n'a pas le talent de conserver les affections[3] e si è imbattuta in una compagnia molto mondana». La madre dell'imperatore pone il suo veto una seconda volta, quando Francesco Giuseppe si avvicina all'arciduchessa Elisabetta, figlia del conte palatino Giuseppe. L'incantevole dama era la vedova di Ferdinando Este. Per la madre non era quella l'unica ragione, vi era anche la scarsa differenza d'età. Aveva altri progetti: la principessa Elena, figlia maggiore di sua sorella Ludovica, sarebbe diventata la sposa di Francesco Giuseppe. Quando, nell'autunno del 1853, Ludovica arrivò a Ischl con le due figlie Francesco Giuseppe si fidanzò, ma non con Elena. Scelse la sorella sedicenne. Era la prima volta che il figlio agiva contro un desiderio della madre.

Wilhelm Gause, *La villa imperiale a Ischl.*

Il padre di Elisabetta, il duca Massimiliano in Baviera mentre suona la cetra. Sullo sfondo il castello di Unterwittelsbach.

La bella e singolare principessa non immaginava a quale difficile destino sarebbe andata incontro acconsentendo a sposarsi. Aveva ereditato molto da suo padre, il duca Massimiliano in Baviera, il «Phantasus» delle lettere di viaggio e delle novelle[4], soprattutto il senso di indipendenza che in giovane età lo aveva spinto a seguire la propria strada, ad ascoltare lezioni di filosofia e storia della letteratura all'Università di Monaco, a viaggiare, a vagare per la Grecia, la Turchia, l'Egitto e la Nubia fino alla seconda cascata del Nilo. Il duca Massimiliano era un boemo aristocratico che preferiva indossare gli abiti tradizionali bavaresi, la casacca e i pantaloni al ginocchio, anziché l'uniforme da generale del suo reggimento di cavalleria. Si sentiva a proprio agio in compagnia del suo «musicista di corte» Johann Petzmacher, lo strano figlio di un oste viennese, che aveva conosciuto a Bamberg nel 1837. Petzmacher, un virtuoso della cetra montana, era un prediletto della case aristocratiche viennesi; all'epoca si amava far accompagnare il dessert con la sua musica e la sua genuinità. Da Petzmacher il padre di Elisabetta imparò a suonare la cetra e tenne con sé l'allegro viennese fino alla sua morte. Il suono della cetra accompagnava i lunghi viaggi del duca. Sembra che la cetra abbia suonato anche sulla cima della piramide di Cheope. Il duca adorava queste idee bizzarre.

Le caratteristiche decisive le aveva ereditate dal padre, l'orgoglio dalla madre.

PAGINA A FRONTE

IN ALTO: Franz Xaver Nachtmann, *Possenhofen sul lago di Starnberg*, residenza estiva della famiglia di Elisabetta, 1839.

A SINISTRA IN BASSO: Joseph Karl Stieler, *La Duchessa Ludovica, madre di Elisabetta*, anni Trenta dell'Ottocento.

A DESTRA IN BASSO: la futura imperatrice all'età di quattro anni.

L'addio all'infanzia: il fidanzamento a Ischl

Il luogo a cui si sentiva più legata era il castello ducale di Possenhofen sul lago di Starnberg, dove era cresciuta in libertà. Sissi, come era chiamata in famiglia, veniva sempre dopo la sorella maggiore Elena, ma quello che le mancava in attenzioni lo guadagnava in libertà. Lei stessa disse una volta al suo lettore Christomanos di essere stata, quando era una giovane imperatrice, «la sovrana più inesperta d'Europa». Andare a cavallo, nuotare, andare in giro per il parco e lungo il lago, queste erano le sue attività preferite. L'andatura leggera, il passo lieve li aveva presi dal padre. Il luogo dove più amava passare il tempo era la scuderia paterna. Il giorno più triste dell'anno era quello in cui bisognava congedarsi da Possenhofen. Quando, nell'autunno del 1852, la quindicenne principessa lasciò l'amata residenza, non immaginava che non vi sarebbe più tornata. Le due sorelle, la madre dell'imperatore e la madre di Elisabetta, l'arciduchessa Sofia e la duchessa Ludovica, si erano accordate, non senza motivo, per incontrarsi a Ischl l'estate successiva: sembra che in segreto fossero d'accordo

Sissi a undici anni insieme al fratello Carlo Teodoro, detto «Gackel», sullo sfondo del lago di Starnberg.

PAGINA A FRONTE: Carl Theodor von Piloty e Franz Adam, *La principessa Elisabetta a cavallo davanti al castello di Possenhofen*, 1853. Il ritratto era un regalo natalizio da parte di Francesco Giuseppe.

nel far incontrare la ventitreenne Elena e Francesco Giuseppe. La madre di Elisabetta alloggiava con i figli nell'albergo Elisabeth, i genitori dell'imperatore nella loro residenza estiva. Il 17 agosto 1853 Francesco Giuseppe era a tavola da sua zia.

Alla tavola, apparecchiata per quattro, siede il giovane imperatore insieme ad Elena e ai genitori di lei. Sissi mangia nella stanza accanto con la governante. Alla duchessa era sembrato preferibile allontanare l'impetuosa figlia minore in questo momento decisivo. La durata della visita è fissata, le lancette dell'orologio scandiscono i minuti e ci si avvicina al momento che esige una decisione da parte di Francesco Giuseppe. Lui sente la mano della madre, la mano delicata ma forte che lo vuole guidare in questi minuti di ansia. Sente il dubbio pulsargli nelle vene, si vede dire addio ai piccoli piaceri del vivere da solo, durante le pause della conversazione sente lo scoccare di ogni secondo, si sente oppresso vedendo l'imbarazzo di Elena e gli occhi della zia che pongono una domanda angosciosa. In questo momento di esitazione del giovane, giunge la voce della giovinetta dalla stanza accanto. Sissi, la bambina, viene chiamata a tavola. Entra con un movimento vivace; una piccola lite con la governante le ha arrossato le guance. Con infantile disinvoltura, non immaginando la serietà della situazione che pesa sulla riunione dei grandi, saluta il cugino Francesco Giuseppe. Il giovane imperatore è come abbagliato dalla sedicenne. Prende una decisione improvvisa che allontana ogni insicurezza, ogni dubbio. Non Elena, ma Sissi diventerà sua

Sissi, come giovane sposa, spesso veniva raffigurata con dei fiori, soprattutto rose.

moglie. Poiché le lancette dell'orologio reclamano una decisione dell'imperatore, il destino di Francesco Giuseppe ed Elisabetta è compiuto.

Il 18 agosto, il giorno del ventiquattresimo compleanno di Francesco Giuseppe, la madre dell'imperatore, sul portone della chiesa, lascia il passo alla sedicenne Elisabetta; la corte e il mondo intero capiscono cosa è avvenuto. Cinque giorni dopo il «Wiener Zeitung», il giornale del governo di Stato, riporta la notizia: «Sua Maestà Apostolica Imperiale e Reale... Imperatore Francesco Giuseppe Primo, dopo aver richiesto il consenso di Sua Maestà Reale Massimiliano Secondo di Baviera..., si è fidanzato a Ischl con la Principessa Elisabetta Amalia Eugenia, Duchessa in Baviera, figlia di Sua Altezza il Duca Massimiliano Giuseppe e della Duchessa Ludovica, nata Principessa Reale in Baviera. Possa la benedizione dell'Onnipotente...». Il giovane imperatore rimane un mese dalla sua futura sposa. È la primavera della vita di Francesco Giuseppe, un periodo di pura felicità poiché, lontano dalle pressioni del suo grado, può concedersi di essere semplicemente innamorato.

A SINISTRA: la giovane Elisabetta si congeda dalla sua casa sul lago di Starnberg, in un'illustrazione apparsa su un giornale.

A DESTRA: la popolazione di Monaco saluta la giovane promessa sposa che abbandona la sua città natale.

Addio, quiete stanze,
Addio, vecchio castello.
E voi primi sogni d'amore,
Riposate dolcemente
in riva al lago.

Addio, alberi spogli,
E voi cespugli piccoli e grandi.
Quando rimetterete freschi
germogli, sarò lontana
da questo castello.

Elisabetta (1853)

Con il battello a vapore «Francesco Giuseppe», sul Danubio, Sissi viene portata da Linz a Vienna in compagnia della sua famiglia, 1854.

Con la barca nuziale verso Vienna

Il 20 aprile 1854 Elisabetta si congedò da Monaco; nei giorni successivi, da Straubing, si mise in viaggio sul Danubio a bordo del battello a vapore «Stadt Regensburg», con destinazione Linz.

È il 22 aprile. Un nuovo battello a vapore, che porta il nome del sovrano ed è più grande della barca bavarese, attende Elisabetta per portarla a Vienna. L'imperatore ha messo a disposizione tutte le rose dello Schönbrunn per adornare il battello. Questa veste fiorita sul corpo della barca è il dono più delicato e di gusto fra i regali che aspettano Elisabetta. Francesco Giuseppe è partito presto per Vienna. La barca ci impiega

La sedicenne Romy Schneider e Karlheinz Böhm nel ruolo della coppia imperiale. La trilogia di *Sissi,* girata fra il 1955 e il 1957, è stato uno dei più grandi successi di botteghino per il cinema tedesco del dopoguerra e oggi è considerato un classico indiscusso della filmografia nazionale.

tutto il giorno a raggiungere la capitale. Nella valle Wachau, fra l'abbazia di Melk e Krems splende il sole sul più bel paesaggio fluviale dell'Austria; davanti a Vienna il cielo si rannuvola. Sono le cinque e mezzo del pomeriggio quando la barca attracca a Nußdorf, il porto viennese.

DOPPIA PAGINA PRECEDENTE: Johann Erdmann Gottlieb Prestel, *La giovane coppia al tempo del fidanzamento in una passeggiata in carrozza da Ischl a Hallstatt*; la carrozza è guidata dall'aiutante generale Carlo Ludovico conte Grünne, intorno al 1855.

PAGINA A FRONTE: Franz Xaver Winterhalter, *L'imperatrice Elisabetta in vestaglia*, 1864.

LE NOZZE CON L'IMPERATORE FRANCESCO GIUSEPPE I

Il giorno successivo l'ingresso a Vienna avvenne con tutta la sontuosità della cerimonia asburgica. Un cronista minuzioso, che descrive le nozze del 24 aprile 1854, annota ogni passo fatto dalla giovane imperatrice.

Elisabetta viene sottoposta al cerimoniale fin dalla mattina presto. Per ore molte mani si curano del suo abito nuziale. È di pesante seta bianca, riccamente intessuto con oro e argento. Sopra di esso vi è un mantello ricamato d'oro che finisce con uno strascico. Una

L'arrivo della fidanzata imperiale fu celebrato a Vienna come un grande spettacolo. Un'inserzione di un giornale del 22 aprile 1854 annuncia la costruzione di tribune per gli spettatori.

Pränumeration:
Wien: Ganzjährig 6 fl., halbjährig 3 fl., vierteljährig 1 fl. 30 kr. — Das Morgenblatt sammt feuilletonistischer Beilage kostet 2 kr. CM., das Abendblatt 1 kr. CM. — Provinz: mit einmaliger Postversendung: ganzjährig 10 fl., halbjährig 5 fl., vierteljährig 2 fl. 30 kr.; mit separater Zusendung des Abendblattes vierteljährig 3 fl. 30 kr.; mit einmaliger Separatsendung des Montag Abendblattes vierteljährig 3 fl. CM.

Die Presse.

Motto: Gleiches Recht für Alle!

Inserate:
Auf der 1. Seite, sowie Briefe an den Redacteur und andere Einsendungen, die gespaltene Petitzeile 10 kr. CM., auf allen übrigen Seiten des Blattes kostet die gespaltene Petitzeile 5 kr. — Ankündigungs-Bureau: Wollzeile Nr. 774. Redaction: Weißgarber Närnergasse Nr. 113. Unfrankirte Briefe werden zurückgewiesen. — Unversiegelte Zeitungsreclamationen werden von allen Postämtern portofrei befördert. — Mit einer Morgen- und Abendbeilage.

№ 92. — Wien, Samstag 2[illegible]. April 1854. — 7. Jahrgang.

Vom löbl. Magistrate der k. k. Haupt- und Residenzstadt Wien wurde dem Gefertigten die Aufstellung einer großartigen

Schautribune

zu dem feierlichen Einzuge Ihrer k. Hoheit der durchlauchtigsten Kaiserbraut bewilligt.

Diese Tribune wird auf dem schönen, ganz freien Platze **vor dem Starhemberg'schen Freihause auf der Wieden**, knapp an der Hauptstraße, aufgestellt, und es wird hier den Zusehern die Gelegenheit geboten, **die hohe Kaiserbraut selbst**, wie auch den ganzen glänzenden Einzug so nahe und so deutlich zu sehen, wie es kaum aus irgend einem Fenster möglich sein dürfte.

Der Platz, ganz nahe an der Straße, ist hiezu so günstig gelegen, daß man den Zug schon von der Paulanerkirche herankommen und bis über die prachtvoll decorirte neue Elisabeth-Brücke ganz bequem übersehen kann.

Diese, ganz mit bequemen, im ersten und zweiten Range logenartigen Sitzplätzen versehene, äußerst solid und fest gebaute Tribune wird dem feierlichen Empfange entsprechend festlich decorirt und rings herum mit auf hohen Masten flatternden Fahnen der Stadt Wien, ferner in den österreichischen und baierischen Farben geschmückt sein.

Für den zweckmäßigen Zugang und sonstige Bequemlichkeit der Zuseher wird bestens gesorgt sein.

Sitzplätze ersten, zweiten und dritten Ranges werden vom **Gefertigten** und aus Gefälligkeit **in der Modewaarenhandlung „zum goldenen Schwan" am Hof und in der Seiden- und Modewaarenhandlung „zur Brieftaube" am Bauernmarkt, im Caffé Daum am Kohlmarkt und an der Tribune selbst** ausgegeben.

2198

Anton Irschik, bürgerl. Tischlermeister, Wieden, Wehrgasse 856

spilla di diamante regge il lungo velo di delicato pizzo di Bruxelles. Più pesante è il diadema di diamanti, dono nuziale dell'arciduchessa Sofia. La madre dell'imperatore ha portato questo magnifico esemplare dei suoi gioielli nel giorno delle proprie nozze. Adesso brilla fra i capelli di Elisabetta, circondato da una ghirlanda nuziale di mirto fresco e fiori d'arancio. Un nastro di diamanti le avvolge il collo. È la prova più dura, la vestizione più faticosa; Elisabetta, con ogni mano estranea che liscia, accomoda, prepara il suo corpo, sente la metamorfosi che si compie su di lei. Non sarà troppo oneroso portare il diadema per tutta la vita? L'orologio non lascia il tempo di pensare, detta ciò che deve essere

A SINISTRA: la giovane coppia imperiale nell'anno 1858.

A DESTRA: la prima pagina di un'edizione speciale della *Innsbrucker Nachrichten* in occasione delle nozze di Elisabetta e Francesco Giuseppe.

Innsbrucker Nachrichte[n]

Erster Jahrgang.

Montag | № 74 | 24. April 1[854]

Während der Vermählung

SEINER KAISERL. KÖNIGL. APOSTOL. MAJESTÄT DES KA[ISERS]

FRANZ JOSEF I.

mit

Ihrer königl. Hoheit der durchl. Prinzessi[n]

ELISABETH,

Herzogin in Baiern,

am 24. April 1854:

Und rufen die Glocken hin zum Altar
Den mächtigen Träger von Oesterreichs Aa[r]
Und hat **Ihn** vereinet das Sakrament
Mit **Ihr**, die der Kaiserstaat Mutter dann nen[nt]
So danket dem Herrn, und jubelt laut:
„Den **Neuvermählten** nächst **Gott** vertraut!"

fatto di minuto in minuto. La carrozza nuziale aspetta. Otto fra i più preziosi cavalli delle scuderie imperiali, di un bianco accecante, con finimenti barocchi ornati d'oro, aspettano scalpitanti il momento in cui la sposa dell'imperatore salirà sulla carrozza. È un'immagine da favola. Il famoso Palazzo delle carrozze della corte viennese ha offerto il suo tesoro più prezioso, quella carrozza nuziale di vetro e oro sulle cui portiere splendono i colori di Rubens. Gli apripista, i furieri di corte, i cocchieri e i lacchè indossano il frac rosso gallonato d'oro dal taglio spagnolo e, sotto il tricorno, la parrucca bianca. I cannoni postati sui bastioni iniziano a tuonare, tutte le campane di Vienna suonano quando la carrozza nuziale si mette in movimento dal Theresianum. Si leva un tumulto di acclamazioni, provenienti da migliaia di bocche, che si propaga all'infinito. Al confine del sobborgo di Wieden, vicino al ponte nuovo che si allunga sui fossati cittadini, Elisabetta viene salutata

A SINISTRA: Franz Schrotzberg (attribuito), *L'imperatrice Elisabetta d'Austria*, intorno al 1855.

A DESTRA: Franz Schrotzberg (attribuito), *L'imperatore Francesco Giuseppe I d'Austria*, intorno al 1855.

Non potrò mai dimenticare quel giorno d'aprile. Chi tra noi era vecchio si sentì di nuovo giovane, i mesti divennero allegri, i malati dimenticarono i loro dolori e i poveri la loro miseria e le loro preoccupazioni.

Un testimone oculare delle celebrazioni nuziali

dal borgomastro e dai consiglieri comunali. Da qui alla Kärntnertor fanno ala al passaggio novemila cittadini viennesi. Le figlie dei patrizi, vestite di bianco, spargono rose. Al portale principale dell'Hofburg l'imperatore aspetta, circondato da tutta la corte. Sono le sette del pomeriggio. La testa del corteo nuziale fa il suo ingresso nella Chiesa degli Agostiniani. Qui i registi del cerimoniale asburgico si sono uniti ai maestri dello sfarzo cattolico nell'adornare la chiesa per questo atto. Le pareti sono rivestite con i preziosi arazzi della corte, colonne, sedie e panche sono ricoperte di damasco, pesanti tappeti coprono il pavimento di pietra, diecimila candele illuminano l'interno. Tutti i dignitari dell'impero sono riuniti qui per una imponente parata: il rosso e il verde delle guardie si mischia al bianco delle giacche dei generali, al rosso scarlatto dei cardinali,

all'oro e all'argento dei consiglieri segreti e dei ministri. I costumi dei nobili ungheresi e polacchi, le uniformi straniere, i paramenti sacerdotali, le uniformi Attila profilate di pelliccia, i caschi, i copricapi con piume d'airone, i nastri onorifici, le pietre preziose, i galloni d'oro e le spade incorniciavano l'altare maggiore verso il quale avanzava la coppia nuziale. Il principe arcivescovo Rauscher, insegnante dell'imperatore e confidente della madre, celebra il matrimonio. Scende il silenzio quando rivolge le domande alla sposa e allo sposo. Elisabetta sussulta alla prima salva che risuona dalla Josephsplatz. Il tuonare dei canoni lacera le frasi che il cardinale rivolge alla coppia nuziale: «... pace e concordia ... il vincolo dell'amore ... lì scorre la felicità ... Potete ... a lui il Vostro cuore con fiducia nel suo amore incrollabile ... la Vostra gioia e la Vostra speranza, il Vostro orgoglio e il Vostro onore ... Dal lago di Costanza fino ai confini di Siebenbürgen, dal Po a Weichselstrand trentotto milioni di persone guardano con amore ... Il peso che grava sulle sue spalle ... Voi, principessa, siete chiamata a ...». Il rimbombo dei cannoni, le salve della fanteria, l'intreccio delle voci coprono una citazione di Sant'Agostino. Il cardinale conclude il discorso: «... Sarete per lui un'isola, un'isola che giace serena in mezzo alle onde agitate, un'isola sulla quale germogliano rose e viole...».

Franz Ruß il Vecchio, *L'imperatrice Elisabetta*, 1855.

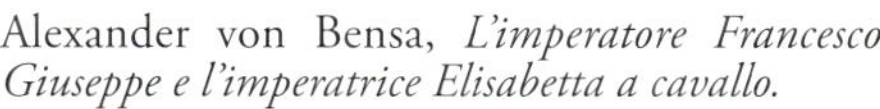

Alexander von Bensa, *L'imperatore Francesco Giuseppe e l'imperatrice Elisabetta a cavallo.*

IN BASSO: August Mansfeld, *Visita dell'imperatrice Elisabetta alla cucina sociale*, 1876.

PAGINA A FRONTE

A SINISTRA: gli obblighi di rappresentanza giornalieri: la giovane coppia imperiale nel teatro regio e imperiale dell'-Hofburg, 1855 • A DESTRA: Heinrich Mittendorf, *I suoceri di Sissi: l'arciduca Francesco Carlo e l'arciduchessa Sofia*, 1908.

La figlia della natura non immaginava cosa nascon dessero queste parole. Non ci si può immaginare niente di più lontano dalla meravigliosa libertà sul lago di Starnberg del cerimoniale di corte allo Schönbrunn, niente di più diverso dalla vita nella casa paterna della vita piena di obblighi di rappresentanza di un'imperatrice austriaca; là l'assenza di imposizioni dei boemi aristocratici, qui la severa agenda dell'etichetta di corte spagnola. A casa era solo l'occhio della madre a controllare, allo Schönbrunn mille sguardi ostili esigono il rispetto degli obblighi prescritti.

Elisabetta non veniva da una casa di contadini; nonostante tutta la libertà di cui godeva da bambina, era comunque stata educata come una principessa; conosceva la corte di Monaco. Non è la mancanza di confidenza con il cerimoniale viennese che oscura il cielo della felicità giovanile.

Elisabetta affronta i primi momenti difficili. L'olimpo nel quale è stata innalzata comincia a vacillare; l'onnipotenza che le avevano prospettato esiste solo a parole; l'immagine delle sue virtù, fino a poco prima elogiate, scolorisce. La giovane imperatrice è immune alla seduzione del potere; ha sentito l'ascesa alla maestà come coronamento del suo sogno, non come carriera. Tuttavia la fine dell'incantesimo è terribile. Nella sua vita non ha mai ricevuto ordini. La madre sapeva essere severa, ma lo era in un modo che non feriva l'orgoglio di Elisabetta. Il padre non ha mai dato ordini. Conosceva troppo bene se stesso e sua figlia, avrebbe rifiutato ogni educazione violenta considerandola paura della natura umana primitiva: solo le persone di scarsa educazione necessitano del pugno di ferro. Elisabetta aveva vissuto da regina sotto

Due settimane dopo le nozze, l'8 marzo 1854, Elisabetta scrive:

Oh, non avessi mai
abbandonato il sentiero
Che mi avrebbe condotto alla libertà.
Oh, non mi fossi
mai smarrita
sulle ampie strade
della vanità!

Mi son destata in
una prigione
E catene cingono
i miei polsi.
E la mia nostalgia
sempre più forte...
E libertà! Tu mi volti
le spalle.

Mi son destata
dall'ebbrezza
Che teneva prigioniera
la mia anima
E invano maledico
questo scambio
Nel quale, o libertà,
ti ho persa.

la mitezza aristocratica del padre. Adesso che è imperatrice viene trattata dalla madre dell'imperatore come una giovinetta del collegio. Le numerose lezioni relative alle faccende di corte sono pesanti abbastanza; dopotutto quello che Elisabetta deve imparare a conoscere è un mondo nuovo regolato da migliaia di norme. A corte già nei primi giorni si aggrottano le ciglia, dall'alto giungono i rimproveri, dal basso si scuote la testa per lo sconcerto. L'imperatrice non gradisce la colazione ufficiale, essa non risponde alle sue abitudini. Il cerimoniere di corte, nel rispetto dell'etichetta, ripete ogni giorno l'invito. I servitori sono sorpresi che Elisabetta calzi per un mese intero le stesse scarpe anziché portarne, come prescritto, ogni giorno un paio diverso. L'imperatrice non tollera di indossare i guanti durante le udienze, come impone l'etichetta. Le dame di corte

La famiglia imperiale nel giardino dello Schönbrunn, da sinistra l'imperatore Francesco Giuseppe, la coppia imperiale Massimiliano e Carlotta, i fratelli dell'imperatore Ludovico Vittorio e Carlo Ludovico, sul divano l'imperatrice Elisabetta con i figli Rodolfo e Gisella. A fianco la madre dell'imperatore Sofia e, seduto su una sedia, il suo consorte Francesco Carlo. Fotografia di Ludwig Angerer, 1859.

sono scandalizzate. Trova molto difficile non poter mai rimanere sola, si sente osservata e imprigionata. Le sale e le stanze del palazzo viennese la opprimono. Solo a poco a poco riesce a modificare alcune stanze secondo il suo gusto. Trova orribili i vecchi servizi dell'Hofburg e dello Schönbrunn. Le dame di corte devono utilizzare i servizi dietro al paravento nel corridoio di passaggio, incuranti del gendarme di corte che pattuglia su e giù per il corridoio. Non sopporta l'aria del vecchio castello. Nascono i primi conflitti fra la madre dell'imperatore, le dame di corte più anziane e la giovane imperatrice. Sembra che siano questioni di forma a creare dissidio, questioni di cerimoniale, di ricevimento e le visite in chiesa; in verità il problema è nella diversità dei caratteri, dei nervi, della mentalità e della sensibilità. Elisabetta non è devota nel modo in cui lo è l'arciduchessa Sofia. Non conosce l'obbligo di fare la confessione e la comunione secondo il calendario, non riesce a mettere i propri nervi al servizio del cerimoniale a tal punto da sacrificare il poco tempo libero che le resta per le udienze. Però «Madame Mère», come veniva chiamata Sofia, in questo non era disposta a cambiare opinione. Fa sentire a Elisabetta quale smisurata fortuna le sia stata riservata. Elisabetta si ribella con fierezza a queste allusioni. «Sua maestà crede evidentemente di trovarsi sulle montagne bavaresi...»; questa

Anton Einsle (attribuito): *L'imperatrice Elisabetta d'Austria.* Ritratto della giovane imperatrice con collana di perle, vestito di pizzo e mantello di ermellino, intorno al 1855.

frase fu pronunciata quando Elisabetta, una volta, fece fermare la carrozza sul Ring viennese e, accompagnata dalle dame di corte, entrò in un negozio della Kärntnerstrasse per acquistare un oggetto che aveva visto in vetrina. I passanti si accalcarono davanti al negozio, il proprietario del negozio, troppo zelante, fece chiamare la polizia, ci fu molto clamore e il capo di polizia fece rapporto allo Schönbrunn. Scene di questo tipo non venivano perdonate ad Elisabetta. Sua Maestà aveva osato abbandonare la cornice del quadro simbolico. Da allora Elisabetta evitò la gente.

Aveva diciotto anni e divenne schiva. Si isolò, vivendo parallelamente alla corte, leggendo, studiando le lingue. Probabilmente è stata l'atmosfera ostile all'Ungheria che si respirava a corte a spingerla a prediligere proprio la lingua ungherese. A questo contribuì sicuramente anche il fatto che i suoi insegnanti di ungherese, come il futuro redattore capo del «Pester Lloyd» Dr. Max Falk, le aprirono un nuovo mondo.

Anton Perko, *Il palazzo di Laxenburg*, 1884. In questa idillica tenuta, che si trova circa 20 km a sud di Vienna, Elisabetta e Francesco Giuseppe trascorsero la loro luna di miele. Sempre qui il 21 agosto del 1858 nacque il figlio Rodolfo.

L'ansiosa attesa del successore al trono

Nella primavera del 1855 la vita di Elisabetta cambia: in maggio diventa madre. È una bambina e viene battezzata col nome di Sofia. La gioia della madre viene presto repressa; l'arciduchessa Sofia prende con sé la bambina. L'imperatrice si ammala.

La vocazione dell'imperatrice è donare eredi alla corona; per quale motivo l'erede non arriva? È una grossa delusione quando Elisabetta, contrariamente a tutte le aspettative, nel 1856 dà alla luce una seconda bambina. Sofia e Gisella, queste due delicate bambine, fanno riaffiorare i vecchi dubbi nella madre dell'imperatore che comincia ad autoaccusarsi di arrendevolezza e crede ora di vedere confermato il presagio che Elisabetta non fosse destinata a Francesco Giuseppe.

Il 30 maggio 1857 la coppia imperiale, in viaggio nella provincia ungherese, viene richiamata urgentemente a Budapest. Due giorni prima Sofia, la figlia

Il palazzo dello Schönbrunn visto dal lato del giardino. Dettaglio da un dipinto di Canaletto, intorno al 1760.

maggiore, si era improvvisamente ammalata; si esitava a darne notizia alla madre. Ora bisogna farlo: la bambina è morta.

Chi incontra Elisabetta in questi giorni la vede cambiata. L'indole fanciullesca, lo sguardo sereno degli occhi che brillano sempre alla ricerca di qualcosa, il perenne sorriso, l'allegra agitazione delle membra sono svaniti. Elisabetta sembra essere cresciuta; è magrissima, la folta ghirlanda di capelli neri corona un volto delicato e pallido. I tratti del viso hanno perso l'infantile rotondità, sono più spigolosi, gli occhi più grandi. Elisabetta accelera il passo quando qualcuno le si avvicina nel parco del castello. Ha lo sguardo schivo, quasi impaurito. Non c'è più alcun sorriso sulle sue labbra. Elisabetta ha venti anni. Quali degli occhi che la spiano, la osservano, che la seguono curiosi, delicati o indifferenti riescono ad avvicinarsi al mistero? Elisabetta è un mistero? I freddi occhi della corte guardano sorpresi la principessa bavarese che non sa apprezzare il suo innalzamento, che pensosa e meditabonda si lascia scivolare accanto la propria felicità, che portando il lutto attraversa a passi misurati lo sfarzo del castello per poi rifugiarsi con un sospiro nella solitudine. È orgoglio, è superbia, è un'audace sfida al destino? Le donne riescono a capire Elisabetta, tutte le donne che dietro le porte della stanza matrimoniale hanno vissuto la grande delusione.

Imperatrice Elisabetta, fotografia di Ludwig Angerer, intorno al 1860.

All'altezza del trono, il sacramento del matrimonio assume un tono imperativo: ci sono in gioco cose più importanti della tua felicità; ti sei assunta degli oneri che sono superiori al tuo destino! L'orecchio di una donna delusa sente solo l'imposizione alla rinuncia, non l'appello alla coscienza civile. Ciò che viene gridato alla regina lo ode, con parole diverse, anche la donna borghese: l'onore e il prestigio della casa sono più importanti della tua felicità; la reputazione dell'attività di famiglia non può sopportare uno scandalo matrimoniale; il nome e il credito del consorte impongono che tu rinunci! La ventenne imperatrice viene fraintesa dalla corte; il nobile, che gode della libertà di mantenere pubblicamente l'apparenza di un matrimonio intatto senza doversi in privato comportare di conseguenza, ride del dolore dei delusi considerandolo un sentimentalismo romantico; lei stessa, nella sua solitudine, non immagina di simboleggiare tutte le donne borghesi non libere che trascorrono i loro giorni e le loro notti nella tristezza di matrimoni senza amore.

Su Elisabetta grava una forte agitazione poiché per la terza volta si sente madre. Sa cosa ci si aspetta da lei, sa a cosa si allude in modo delicato o diretto, sa ciò di cui si parla. Le va il sangue alla testa quando ci pensa e ricorda quell'ammonimento disgustoso che le è stato posato sul tavolo.[5] Si può ordinare l'imperscrutabile, la natura si lascia piegare ai desideri del trono? Lei stessa brama il figlio che darà un senso ai giorni avvenire e alla vita stessa. Durante le passeggiate solitarie nel parco di Laxenburg, nelle silenziose ore notturne, quando anche l'ultimo rumore si spegne nel castello cupo lei ci pensa senza sosta. Sarà figlio suo, questo maschietto, le sarà simile nel pensare e nel sentire; a lui vuole dare un'anima e l'orgoglio della propria anima.

Josef Kriehuber, *Elisabetta con la figlia Gisella e il neonato Rodolfo*, 1858. Nel quadro alla parete si può vedere la defunta Sofia.

La mattina del 22 agosto 1858 centouno cannonate annunciano che dalla sera precedente l'Austria ha un erede al trono. Il padre felice depone nella culla del neonato l'Ordine del Vello d'oro. La madre è stremata. A lei non arriva nulla del frastuono delle strade viennesi, nulla del rumore festoso col quale la capitale festeggia l'evento. Si sente come avvolta in una nuvola di amore, benevolenza, simpatia. La madre dell'imperatore è come trasformata, quando si presenta al capezzale di Elisabetta. Il delicato riguardo, l'improvvisa benevolenza fanno male; la madre vede mani estranee che prendono il bambino, che lo portano a sé, lo portano via. Lei lo ha dato alla luce, ma non le appartiene. La legge della casa lo reclama per sé. Un senso di impotenza assale Elisabetta. Non è abbastanza forte per intraprendere una lotta per il figlio, si ammala. Il piccolo Rodolfo cresce con la sua bambinaia «Wowo», la baronessa Weiden.

La suocera non consentì che l'erede di uno dei regni più potenti venisse educato dalla giovane imperatrice «che non sa educare nemmeno se stessa». Dello stesso avviso era il partito di corte, e lo erano anche l'arciduchessa Elisabetta, madre della regina reggente di Spagna, una donna molto apprezzata da Francesco Giuseppe, e la consorte di Massimiliano, Carlotta, che rapidamente si era guadagnata le simpatie di Madame Mère. Nel 1860,

PAGINA A FRONTE: fotoritratto del giovane principe ereditario, intorno al 1870.

A DESTRA: Eduard Kaiser, *Francesco Giuseppe ed Elisabetta con i loro figli*, intorno al 1859.

dopo sei anni di matrimonio, all'età di ventitré anni, Elisabetta è isolata. Un vero dramma: per una volta il caso aveva voluto che salisse al trono una donna bella, insolita e dall'animo di imperatrice, ma né Sofia né la corte riconobbero la nobiltà di questa donna. Non era una nobiltà secondo quanto previsto dal cerimoniale di corte spagnolo, non era una nobiltà di origine asburgica; era, se così si può dire, una nobiltà secondo la definizione del poeta viennese Peter Altenberg.

Elisabetta desidera preservare suo figlio, che si sta facendo grande, dal destino che è stato riservato a lei. Ama l'arguto, indipendente, sveglio Rodolfo, più maturo della sua età, lo ama con la gioia di una madre che non desidera il figlio diverso da come è. Da quando

A SINISTRA: il principe ereditario Rodolfo con shakò e spada, 1861.

A DESTRA: fotografia del principe ereditario austriaco Rodolfo da bambino, intorno al 1868.

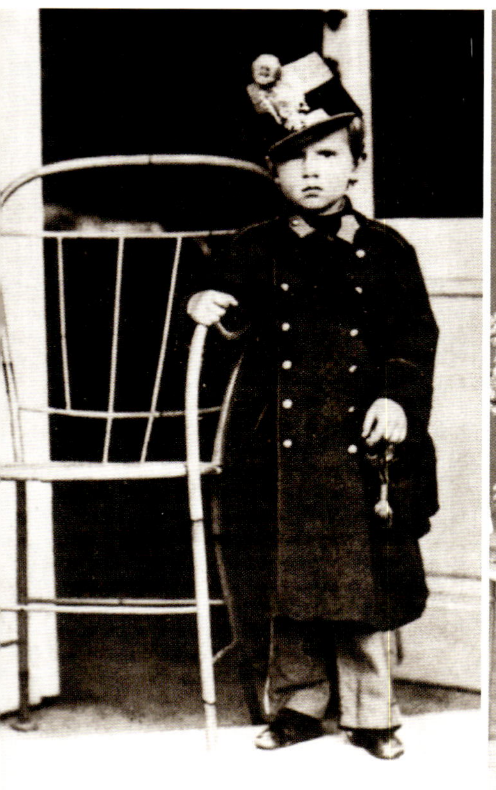

gode della sua fiducia, Rodolfo va spesso e volentieri da lei. Madre e figlio sono uniti da un legame di tenero affetto. Elisabetta ha, rispetto ad altre madri, il pregio di non voler mai essere autoritaria. In questo è simile a suo padre che è stato per i propri figli un esempio e non un superiore; dà dei consigli al figlio quando questi le chiede consiglio, non giudica mai e abitua Rodolfo a condividere anche i segreti della madre. Con la più delicata discrezione è a parte di tutti i dubbi, le gioie e i segreti di suo figlio. Con lei Rodolfo non è il giovinetto timido che è al cospetto del padre, ma un giovane gentiluomo con la fiducia incondizionata del fratello nella sorella. Anche dall'esterno si ha questa impressione, quando madre e figlio, lei la bella quarantenne e lui il ventenne, passeggiano insieme o si dedicano alla caccia a cavallo, l'uno vicino all'altra.

Rodolfo nell'anno 1877; sotto una firma del principe ereditario.

Rodolfo è benvoluto ovunque; durante le sue visite a corte si guadagna molte simpatie, è un elegante principe ereditario, più mondano di quanto lo era il padre alla sua età, che sa mitigare il grado con l'innato scetticismo del suo spirito. Ma in nessuna occasione, così riportano gli osservatori della corte, era di una tale «delicata eleganza» come con sua madre. «Bisogna vederlo reggere la staffa all'imperatrice; nessun paggio dei tempi galanti saprebbe essere tanto amorevole e comportarsi tanto bene». Il figlio, che a vent'anni sostiene ogni sguardo femminile, arrossisce baciando la mano alla madre. Adora adoperare il profumo della madre per il suo fazzoletto. È felice di poter portare i guanti di lei. Venera quello che lei ama. Ha le sue stesse inclinazioni. Trascorre giorni e notti con Ludovico II, incredibilmente attratto dall'entusiastica simpatia del re.

A capodanno del 1861, per la prima volta dopo molto tempo, Elisabetta lascia Vienna e la corte; era seriamente malata, seppure non nel modo indicato nel rapporto ufficiale. Non si trattava di una malattia dei polmoni, e non era nemmeno quella che la Vienna ufficiosa definiva il «dolore dell'imperatrice»: l'infedeltà coniugale dell'imperatore. Psichicamente Elisabetta era sempre stata molto forte, altrimenti non avrebbe a suo modo sopportato la vita. Mangiava poco, raramente piatti caldi, anche ai banchetti prendeva solo pane bianco, brodo di carne e frutta. Era venuta al mondo con settanta anni d'anticipo. La sua continua preoccupazione di rimanere magra è una preoccupazione di oggi. Solo in un punto si scostava della ferrea dieta: adorava il gelato alla frutta. Non c'era pasto senza gelato. Sebbene le cucine dell'imperatore vantassero la miglior pasticceria del mondo, faceva portare il gelato e i pasticcini secchi dalla pasticceria Demel. I libri contabili dell'imperatrice rivelano alcuni segreti alimentari. Una singola fattura del pasticcere presenta la somma di cento fiorini; ad un piccolo negozio di merci varie a Ischl furono pagati 37 fiorini e 54 kreuzer – solo Dio sa quali golosità Elisabetta può avervi scoperto. In un'altra occasione furono spesi cinquecento fiorini per i granchi. A corte si diceva che le grandi quantità di gelato avessero rovinato i denti dell'imperatrice prima del tempo. Durante la permanenza a Vienna vi era sempre un

Imperatrice Elisabetta, fotografia di Hermann Holz, intorno al 1860.

dentista a palazzo. L'imperatrice talora fumava anche sigari. Si faceva pesare ogni giorno, faceva attività fisica, andava a cavallo, aveva un massaggiatore, il medico di Amsterdam Metzger, che si recava da lei ogni anno. A cavallo non si risparmiava. Il racconto del Dr. Logues, direttore del Seminario di Maynooth, è noto: un giorno giunse nei suoi locali una donna sconosciuta, completamente zuppa d'acqua: l'imperatrice, durante la caccia alla volpe, aveva attraversato un laghetto. Adorava queste avventure e anche a Vienna tornava sempre dalle cavalcate completamente stremata – un esercizio che non avrebbe potuto fare se avesse avuto problemi di salute. Era un male femminile quello che si manifestò per la prima volta nel 1860; vi si accompagnarono successivamente problemi di gotta alle ginocchia. Nel 1861 i nervi la costrinsero a lasciare Vienna. Quattro mesi a Madera rimisero a posto molte cose, un mese a Vienna rovinò tutto nuovamente.

Un dipinto dei giorni più felici: la giovane imperatrice con gioielli di rubini, pelliccia d'ermellino e diadema, intorno al 1855.

Elisabetta aveva ventiquattro anni quando gettò via la corona. Nulla riuscì a trattenerla; né le preghiere dell'imperatore che, come scuotendosi da un profondo sonno, corse dietro ad Elisabetta cercando di riannodare i acci recisi; né l'impegno dei parenti, chiamati d'urgenza in aiuto; né l'appello ai doveri ai quali si era impegnata ad adempiere, al trono e alla reputazione della casa, né la disponibilità ai compromessi. Elisabetta ha ritrovato se stessa, una notte la ha liberata da tutte le catene.

Come era stato possibile tollerare quell'esistenza per otto anni? Si era trattato di un sogno, uno stordimento, una paralisi? Come aveva potuto durare così a lungo questa vita estranea? Ringrazia la voce nascosta nel suo intimo che nell'attimo di maggior travaglio interiore ha pronunciato la parola salvatrice. Ripensa al momento del congedo a Possenhofen, allora, quando davanti al giardiniere e a sua moglie, davanti ai cacciatori e al barcaiolo pianse così disperatamente. Non era la stessa voce che, otto anni prima, come in lontananza la chiamava a congedarsi dal lago, dalle montagne imbiancate, dalle giornate estive, dall'anziano re e dal principe della corte?

Elisabetta si sente come la figlia smarrita che, dopo esser stata lontana a lungo e aver vissuto momenti difficili, torna alla terra del proprio sangue, nel paesaggio e dalle persone a cui appartiene. Dovettero succedere molte cose prima che riuscisse ad abbattere una parete di nebbia dopo l'altra, riprendendo di nuovo il controllo e ritrovando se stessa. Guardando indietro, si rende conto di come questi otto anni la abbiano cambiata. Non può cancellare l'esperienza inimmaginabile iniziata con la sorpresa, con le magnifiche giornate estive a Ischl, e che la ha innalzata fin sopra le nuvole per poi lasciarla cadere tremendamente negli abissi di un mondo oscuro da lei ignorato; non può tornare indietro e riannodare il filo della vita là dove si era strappato.

SINISTRA: Johann Wilhelm Jankowski, *Il castello Miramare*, costruito dall'arciduca Massimiliano nei pressi di Trieste.

DESTRA: lo yacht di Elisabetta, il Miramar.

La vita da viaggiatrice, l'amore per il mare

I piani di Elisabetta sono limitati dal suo desiderio di vivere sul mare. Rifiuta l'offerta di scegliere fra i castelli dell'imperatore o di costruire una dimora secondo il proprio gusto. «Il pensiero di essere legata ad un luogo potrebbe trasformare il paradiso in inferno ... Non si deve passare troppo tempo nello stesso posto. Solo quando so di dover presto lasciare un luogo inizio ad amarlo ... Desidero andare al mare. Stare troppo vicino alle persone è un tormento...» Solo uno yacht può soddisfare questi desideri. Non vi sono precedenti per un hotel sull'acqua come lo desidera lei. Elisabetta ne conosce solo uno: la barca della regina Vittoria. Elabora

In alto a sinistra: Elisabetta alla balaustra del suo yacht Miramar.

In alto a destra: lo yacht a ruote di Elisabetta, il Miramar, alla massima velocità.

In basso a sinistra: il salotto del Miramar.

In basso a destra: la cabina dell'imperatrice.

il progetto ispirandosi ad essa. Il suo appartamento sull'acqua deve essere semplice e pratico. Inconsueto è solo il bagno: dalle misure abbondanti, non pensato come stanza funzionale che viene velocemente abbandonata, ma come un salone con specchi, fiori, ampi divani e cuscini.

Nel giugno del 1861 Elisabetta si reca a Corfù e da questo momento inizia la sua nuova esistenza, la vita di una donna sola che vaga senza posa da un luogo all'altro. Amava l'irregolarità, i suoi nervi erano attratti dal mare. «Il mare mi rende giovane, mi libera da tutto ciò che è estraneo. Tutto ciò che so, l'ho imparato dal mare». Sul mare non conosceva la paura. Mentre coloro che la accompagnavano soffrivano di mal di mare, durante le forti tempeste sedeva tranquilla, comodamente appoggiata allo schienale della sua sedia. Dove poteva, faceva il bagno in mare. Il suo yacht «Miramar», con il quale veleggiò per mezzo mondo, era arredato in modo inconsueto: sul ponte di coperta si ergeva un grande padiglione circolare in vetro, con vista sul mare da tutti i lati. I tendaggi di seta blu venivano abbassati ogni mattina quando si faceva pettinare. Il ponte di comando, dove si intratteneva durante il giorno, era coperto con tela olona, in modo che l'imperatrice rimanesse nascosta all'equipaggio.

Sono giorni di tranquillità, di riposo e di benessere, quelli che Elisabetta trascorre durante le sue silenziose navigazioni per mare. Sui mari, libera come le onde sulle quali naviga, libera in tutte le decisioni, obbedendo solo alla propria anima, si avvicina ai sogni giovanili. Il mare si trasforma nel lago della gioventù, come il lago vicino casa era diventato mare quando lo aveva

Libertà

Sì, una barca mi voglio costruire!
Nulla mai di più bello vedrete
Nell'alto, immenso mare;
«Libertà» soffierà sugli alberi,
«Libertà» indugerà sulla prua,
Ebbra di libertà viaggerà accompagnata.

«Libertà!», parola dalle lettere d'oro,
Sventola orgogliosa con ogni tempo
Sulla cima sottile dell'albero maestro,
Libertà respirano le mie narici,
Libertà esultano i sussurri delle onde,
Libertà! Non sarai più un sogno.

Se poi il loro telegrafo,
Per una festa cercasse di riportarmi
Nel castello-prigione,
Pescate nel limpido, pescate nel torbido,
Catturate il gabbiano a piacimento;
Urrà! Siamo liberi e spicchiamo il volo!

Dalla punta delle dita
Mando a voi, mie amate cose
Che una volta tanto mi tormentavate
Un bacio e la mia benedizione,
Non curatevi più di me;
Io son libera in alto mare!

Poesia di Elisabetta
dalla raccolta *Canti d'Inverno*

Georg Raab, *Elisabetta con l'abito dell'incoronazione*, 1867.

incluso nelle sue fantasie, animandolo secondo il proprio gusto. Solo una persona riesce a capirla: suo cugino Ludovico, il bel giovane dagli occhi da fiaba. Durante il loro ultimo incontro a Monaco il cugino diciottenne, altrimenti schivo e chiuso, si era aperto con Elisabetta. Fra i libri e le annotazioni del padre aveva trovato «L'opera d'arte dell'avvenire», uno scritto del suo divino Richard Wagner.

Elisabetta vive come una donna divorziata, ma rimasta in buoni rapporti con il consorte. Ha la libertà di decidere, ma accondiscende al desiderio dell'imperatore di mantenere l'apparenza del matrimonio davanti al mondo e nelle rare occasioni di rappresentanza. Incontra Francesco Giuseppe a Kissingen e sulla riviera, si reca a Vienna, fa visita ai figli, un'ospite in casa propria. Per quattro anni la vita procede in questo modo: Elisabetta naviga per il Mediterraneo, visita Parigi dove, da sola o con la sorella Elena, trascorre alcune settimane in incognito, scopre l'Europa occidentale e la costa nordafricana. Tra un viaggio e l'altro torna spesso a Monaco e sul lago di Starnberg che sente come la propria patria. A distanza, a coloro che non vi sono coinvolti, arriva solo un'immagine indistinta di quanto avviene sulla scrivania di Francesco Giuseppe.

Mio adorato angelo Sissi

... Non so dirti quanto io mi strugga di nostalgia per te e quanto sia angustiato. Mi riempie di disperazione il terribile stile di vita che conduci e che deve distruggere completamente la tua cara salute. Ti imploro: rinuncia quanto prima a questa vita e dormi durante la notte, creata dalla natura per riposare e non per leggere e scrivere. Non cavalcare così a lungo e con tanta intensità ...

Lettera dell'8 luglio 1859 di Francesco Giuseppe ad Elisabetta.

L'incoronazione in Ungheria

Per quasi cinque anni, con una piccola interruzione, Elisabetta aveva evitato Vienna. Un tentativo di riavvicinamento da parte dell'imperatore era stato vano. L'anno 1866 riporta i coniugi insieme. Le giornate dell'incoronazione di Budapest, nell'estate del 1867, sono il grande trionfo di Elisabetta. Sebbene fosse avversa a tutti i festeggiamenti, accetta qui l'omaggio cavalleresco della nobiltà ungherese. Saranno gli ultimi giorni di fulgore reale.

I rituali tradizionali dell'incoronazione in Ungheria non prevedono l'incoronazione congiunta; il desiderio dei notabili di vedere Elisabetta al fianco di Francesco Giuseppe fa mettere da parte queste tradizioni.

Elisabetta con l'abito ungherese dell'incoronazione, 1867.

Elisabetta, su una carrozza di vetro riccamente ornata d'oro e tirata da otto cavalli bianchi, è il centro del grandioso spettacolo. La sua carrozza è seguita, su preziosi destrieri, dalla giovane nobiltà del paese in uniformi ornate di pelliccia e tempestate di pietre preziose. L'incoronazione nella chiesa di San Matteo raggiunge il suo momento più inteso quando il conte Andrássy[6] poggia la corona di Santo Stefano sulla testa del re. Elisabetta, «più bella che mai», trema ricevendo la corona. Un uragano di voci la avvolge: «Eljen Erszébet»![7] Per le strade il tumulto delle ovazioni è così violento che i cavalli si impauriscono. Due vescovi cadono a terra.

L'appianamento dei contrasti con l'Ungheria, operato da Francesco Giuseppe, segna l'inizio dell'europeizzazione dell'Austria. La sconfitta di Königgrätz

Eduard Engerth, *La cerimonia dell'incoronazione a Budapest*, intorno al 1867.

25
11
Expresso

Express

PAGINA A FRONTE

A SINISTRA IN ALTO: il Conte Gyula Andrássy • A DESTRA IN ALTO: una cavallerizza appassionata – l'imperatrice Elisabetta d'Austria a cavallo. Particolare di un dipinto di Hans Haag, 1873 • AL CENTRO: una lettera espresso scritta a mano da Sissi da Gödöllő e indirizzata all'imperatore suo sposo Francesco Giuseppe, 1867. • IN BASSO: il castello di Gödöllő fu regalato dal popolo ungherese alla coppia imperiale in occasione dell'incoronazione di Francesco Giuseppe a re d'Ungheria. La tenuta divenne ben presto uno dei luoghi di soggiorno e di ritiro preferiti da Elisabetta.

La figlia minore dell'imperatrice, l'arciduchessa Maria Valeria, con la nipote preferita di Elisabetta, la baronessa Maria Wallersee (dal 1877 contessa Larisch).

costrinse l'imperatore alla pace con l'Ungheria che segna il passaggio dell'Austria al regime costituzionale. Francesco Giuseppe diventa più fiducioso. Le notizie di Andrássy dall'Ungheria, il governo accorto di Beust lo fanno sentire sicuro. Dopo sette anni bui il cielo sembra schiarirsi.

Elisabetta dona al marito, dieci anni dopo la nascita di Rodolfo, la figlia minore Maria Valeria che nasce nell'aprile del 1868. Francesco Giuseppe ha trentotto anni, Elisabetta sta per compiere trent'anni. Questa figlia non può togliergliela nessuno; la prende con sé, senza chiedere a nessuno. È una felicità modesta quella che Elisabetta prova come madre vicino alla culla di questa bambina dalla salute oltremodo cagionevole.

AMICI E NEMICI NEL MONDO DELLA CORTE

«La corte reale», racconta il poeta ungherese Maurus Jókai, «a quei tempi si trovava a Buda; io consegnai un esemplare del mio libro all'imperatrice. Lei parlò a lungo e approfonditamente con me dell'Ungheria. Quando stavo per andar via mi disse: 'Aspettate un istante, desidero mostrarvi mia figlia'. Aprì la porta laterale e fece segno alla bambinaia di entrare con la piccola. La sovrana prese la bambina fra le braccia e la strinse a sé». Nello stesso periodo vennero sparse delle voci sull'imperatrice che avevano lo scopo di nuocere alla sua reputazione. Di questa colpa si macchiò, fra gli altri, il conte Grünne[8] per il quale la natura di Elisabetta rimase sempre un mistero. Si narra il seguente episodio: alcuni anni dopo la rinuncia alla propria funzione pubblica, Grünne venne colpito da una grave malattia. Quando credette di essere vicino alla morte sentì il bisogno di vedere ancora una volta l'imperatrice e di riparare alla propria ingiustizia. Elisabetta, messa al corrente di questo desiderio, si presentò al suo capezzale e il conte Grünne chiese perdono per tutto il male che aveva fatto. L'imperatrice lo perdonò. La figlia del malato, contessa Széchenyi, ringraziò l'imperatrice tanto sentitamente che solo a fatica si poté trattenerla dal cadere ai piedi di Elisabetta. Il potente aiutante generale dell'imperatore e i suoi sostenitori avevano contribuito molto a che l'imperatrice non avesse un solo amico in tutta la corte. Un'unica persona le fu vicina per decenni: Fanny Angerer, la parrucchiera. All'inizio la fanciulla viennese veniva per intrecciare i meravigliosi capelli che l'imperatrice portava raccolti in trecce intorno alla testa, come una corona. Poco a poco Fanny Angerer divenne la più intima confidente della solitaria sovrana. L'imperatrice aveva bisogno di una persona a cui poter confidare le sue piccole preoccupazioni e i segreti nascosti. Questo rapporto con la parrucchiera era

Franz Xaver Winterhalter, *L'imperatrice Elisabetta*, intorno al 1864.

comune a molte donne; la persona che conosce i segreti del corpo diventa padre confessore. Con la parrucchiera Elisabetta aveva la certezza che nulla sarebbe giunto alle orecchie dello spionaggio di corte. Infatti, già all'epoca, l'imperatrice veniva controllata da un piccolo esercito di agenti della polizia segreta, e non solo per la sua sicurezza personale. Nell'archivio della cancelleria di gabinetto dell'epoca è conservato un intero fascicolo degli anni dal 1867 al 1870 dal quale si evince che l'ufficio del gran cerimoniere di corte, per vie segrete, veniva a conoscenza di ogni passo effettuato da Elisabetta. Agli agenti della polizia viennese L. Erz, L. Huber e il Dr. Zeichner si devono la maggior parte dei rapporti di questo dossier. Informavano del fatto che l'imperatrice si confidava solo con Fanny Angerer, con chi aveva contatto la Angerer, a chi faceva visita, quanto si tratteneva dall'imperatrice. «Durante il matrimonio della Angerer con Hugo Feifalik, nominato segretario, si presentò in chiesa un lacchè di corte invitando gli sposi novelli a recarsi dall'imperatrice che li stava già aspettando; l'imperatrice abbracciò la giovane donna e la baciò sulla guancia. «Non bisogna sorprendersi», riportano gli agenti segreti, «se la Angerer diventa molto pretenziosa e si sente superiore a tutti i funzionari di corte. Non tiene per sé informazioni che non sono destinate al pubblico e da Roma scrive messaggi alla sua famiglia, lasciando intendere che ci saranno grandi mutamenti negli attuali rapporti fra Roma e Vienna». Questi resoconti della

Carlo Ludovico Conte Grünne, luogotenente del feldmaresciallo nell'esercito austriaco, fotografia di Ludwig Angerer, intorno al 1870.

polizia segreta, immediatamente fatti pervenire all'ufficio del gran cerimoniere di corte, testimoniano diverse cose: l'imperatrice veniva controllata anche durante i suoi viaggi, la posta dei suoi confidenti veniva segretamente aperta; dunque anche negli anni Settanta del secolo sussisteva l'arte del Gabinetto Nero viennese, non più ai danni dei sudditi, ma dell'imperatrice.

Le particolarità di Elisabetta

Calligrafia di Elisabetta.

Nordsee Lieder.

Widmung

O, hätt' ich so viel Lieder
Als Wellen, Du mein Meer,
Ich schrieb' sie alle nieder,
Und brächte sie dir her.
Mein ganzes Fühlen, Denken,
Ja all mein innres Sein,
In dich möcht' ich's versenken,
Du mein kristall'ner Schrein.
Du meine Augenweide,
Du meines Herzens Glück,
Früh meine erste Freude
Und Nachts mein letzter Blick!

Ad un controllo altrettanto preciso era sottoposto anche il bilancio domestico dell'imperatrice. Il segretario di corte Kokula, al quale spettava il compito di tenere in pari il bilancio di Elisabetta, non aveva sempre vita facile. Spesso l'imperatrice spendeva più della somma riservata alla gestione domestica. Da quando Elisabetta aveva iniziato a viaggiare, percepiva mensilmente quarantaseimila fiorini. Per le sue piccole spese personali riceveva inoltre duecentomila fiorini l'anno, somma che le veniva corrisposta in rate mensili. Oltre a ciò vi era anche un contributo di mille fiorini per le spese d'abbigliamento. Per quanto l'imperatrice si vestisse con semplicità – amava l'abito inglese, la gonna aderente che lasciava liberi i piedi, la camicetta e le scarpe inglesi – i conti dei negozi di abbigliamento erano considerevoli. Era più il desiderio di acquistare ad attrarla che la merce.

Elisabetta si ritira nella cerchia più privata. Diventa una fanatica di tutte le cose che le piacciono, in particolare una fanatica del corpo. La predilezione per la perfezione fisica si accentua fino a diventare ostinazione indomabile. Adora i cavalli fin dall'infanzia, ma dall'aumento fanatico della sua passione scaturisce anche una confessione, è come se volesse affermare: preferisco trovarmi nell'ambiente dei cavalli che nelle vicinanze della corte. Ed è orgogliosa di esercitare l'equitazione nella sua forma più pericolosa. Nessuno osa criticare questa pratica, così contraria al semplice buonsenso come le sue convinzioni interiori. Le rimane fedele nonostante i dubbi di Francesco Giuseppe, gli ammonimenti dei medici, il biasimo e la sorpresa della corte. Il rapido movimento a cavallo le dà la sensazione della massima attività in completa solitudine. Solo il dolore fisico costringe Elisabetta a scendere da cavallo. Diventa una fanatica anche in tutte le altre cose. Anticipando i medici miopi, odia le cattive abitudini dell'alimentazione tradizionale; odia i grandi mangiatori e i piaceri della tavola; evita i pasti in compagnia con l'obbligo di ubbidire ad un qualche consiglio dei cuochi. Il suo corpo le è più caro del cerimonioso piacere di mangiare. In ciò dimostra la testardaggine dei moderni apostoli dell'alimentazione.

L'imperatrice Elisabetta, intorno al 1868.

Il ritratto dell'imperatrice ad opera di Anton Romako trasmette palese eccentricità ed erotismo. L'opera, realizzata nel 1883, fu accolta in modo contrastato: a un'imperatrice non era mai stato fatto un omaggio così apertamente sensuale.

Elisabetta adora il latte e si concede il lusso di portare con sé in viaggio le mucche il cui latte le sembra particolarmente buono. Nel libro contabile del consigliere statale Kokula si trovano molti accrediti di questo tipo: due mucche acquistate ad Aix-le-Bains che viaggiano con l'imperatrice verso Vienna vengono finanziate dal «Ministero degli Esteri e della Casa Imperiale con 1473.53 franchi = 707 fiorini 57 kreutzer». Non c'è nulla che Elisabetta tema come la perdita della propria elasticità fisica e l'aumento del suo scarsissimo peso. Lotta con la più grande ostinazione contro ogni segno di ingrassamento. Molte ore di equitazione, lunghe passeggiate, ginnastica, bagni in acqua fredda – con questi duri esercizi sviluppa le più grandi energie. È l'ultimo bastione della sua peculiarità che difende eroicamente. L'imperatore, sebbene anche lui non abbia per natura forme abbondanti, guarda a questa caratteristica di Elisabetta con meraviglia. Scuote la testa davanti alla bistecca semicruda e all'arancio che l'imperatrice si fa servire come pasto principale nella propria stanza; inorridisce alla vista della bottiglia di sangue di bue che Elisabetta di tanto in tanto consuma al posto dei pasti. La baronessa Maria von Redwitz, che in quanto dama di corte della principessa Amalia era spesso ospite della corte

in Baviera, dichiarò una volta, molto francamente, di trovare comprensibile che l'imperatrice, dalla spiritualità così intensa, non sopportasse «l'atmosfera banale dei pasti in compagnia» e preferisse mangiare da sola nella sua stanza.

Di queste piccole stranezze, dovute a capricci dei nervi e del gusto, era composto il quadro della «eccentrica imperatrice». Lei stessa sapeva di non rispecchiare l'immagine ideale che il cittadino si era fatto della «madre della nazione». «La gente non sa di cosa vantarsi nei miei riguardi» disse una volta. «Non rispecchio le loro idee e a loro non va bene che io sia in questo modo. Non mi metto neanche nell'imbarazzante situazione di trovarmi insieme a loro. Ad ogni modo, loro credono che la cosa migliore sia rimanere legati ai modelli tradizionali». Veniva criticata in molte cose, anche per il piccolo negretto Mahmud che le era stato dato dal Chedivè d'Egitto. Il piccolo servitore, proveniente dal padiglione egiziano dell'esposizione mondiale di Vienna, veniva trattato dall'imperatrice come un figlio: lo curava quando era malato e lo lasciava giocare con sua figlia Valeria. Esiste una fotografia che mostra Valeria con il bimbetto egiziano; questa immagine è la risposta alle critiche della società di corte che trovava sconveniente che la figlia dell'imperatore avesse un negretto come compagno di giochi. In queste cose Francesco Giuseppe era più sensibile della società aristocratica. Sebbene anche la donna che gli era più vicina gli fosse rimasta estranea, egli concedeva ad Elisabetta tutto ciò che non minava l'ordine della propria vita. Gli riusciva facile, essendo l'imperatrice di natura passiva, sempre pronta ad abbandonare la vita comune in modo che la propria esistenza non influisse su quella di Francesco Giuseppe. Elisabetta, priva di ambizioni di potere e indifferente allo splendore della corte, non fece mai scenate drammatiche alla corte viennese, evitando semplicemente ogni conflitto con la fuga.

Ho ridotto il bilancio di corte per il prossimo anno a cinque milioni, cosicché si dovranno risparmiare oltre due milioni. Quasi metà della stalla deve essere venduta e dobbiamo vivere in ristrettezze... Il tuo triste consorte.

Lettera del 19 agosto 1866 di Francesco Giuseppe a Elisabetta

Franz Schrotzberg, *L'imperatrice Elisabetta d'Austria come giovane donna*, 1860.

Ad un certo punto non le era più bastato praticare lo sport inglese della caccia alla volpe in Ungheria; mise alla prova la propria ambizione sul terreno classico di questo sport, in Inghilterra e Irlanda.

Ospite permanente a Meath nel Cheshire e nel Northamptonshire, cacciava con i segugi Pytchley del maestro conte Spencer. Durante gli anni di questa passione la sua riserva di caccia era il parco di Cottesbrook, successivamente la residenza di campagna del conte Combermere. «Quando i cani iniziavano a correre» scrive Mr. H. O. Nethercote, un maestro della caccia a cavallo, «nessun ostacolo le sembrava troppo alto; avevamo difficoltà a starle dietro». Cavalcava ogni giorno tre cavalli. Elisabetta definisce questi anni il suo periodo eroico. Durante la navigazione solitaria per mare richiama alla memoria le immagini di questi giorni. La sconfinata brughiera di Meath che si estende dal castello di Cabra a Louth fino a Wordslands, residenza di campagna di Lord Annaly, e poi ancora fino alla costa era la sua «prateria»; il Conte Spencer, il Capitano Trotter, Lord Randolph Churchill, Lord Killen, il Generale Fraser e i Signori Plunkett, Boscawen ed Henry Bourke erano la compagnia delle battute di caccia. «Per queste straordinarie settimane, per questi momenti di libertà da tutte le difficoltà devo ringraziare Mr. Reynell», dichiarò l'imperatrice. Si tratta di Samuel Reynell di Archerstown che in passato aveva piantato la ginestra pelosa a Meath.

Nelle immagini di questi giorni Elisabetta è la magrissima cavallerizza con il «vitino da vespa» e quell'abito da equitazione tanto attillato che le donne dicono sia stato cucito direttamente sulla pelle nuda.

Franz Schrotzberg, *L'imperatrice Elisabetta con vestito di pizzo, collana di perle e diadema*, intorno al 1854.

Non ci può essere consorte più cavalleresco di Francesco Giuseppe. Non vi è nessun desiderio che non abbia soddisfatto, è il cavaliere più attento, il mecenate più generoso. Qui il termine è inteso letteralmente, poiché anche in questo Elisabetta appartiene al regno fiabesco che non ha alcuna idea del reale valore delle cose. Questa caratteristica è comune al cugino Ludovico. Il re bavarese non chiede quanto costi realizzare i propri sogni; il tintinnio fatale dei soldi non giunge alle sue orecchie. Vi arrivano invece le continue lamentele del suo ministro delle finanze. Francesco Giuseppe non negò nulla ad Elisabetta. Era ovvio che i desideri dell'imperatrice venissero soddisfatti, ma non ci fu un solo anno nel quale la somma stabilita non venisse superata. Francesco Giuseppe si occupa anche della pensione vedovile di Elisabetta. Secondo gli accordi matrimoniali del 1854 era prevista una pensione vedovile di centomila fiorini; nel 1875 l'imperatore triplica la somma. La vita che Elisabetta conduceva sul trono asburgico non era felice, ma il piedistallo dei suoi dolori era d'oro; anche qui la ricchezza non può nulla contro la malinconia, è solo uno scudo conto le cose disgustose.

Le nozze d'argento

Nel 1879 Elisabetta deve nuovamente fare un sacrificio in nome delle convenzioni: nel Regno austroungarico ci si prepara a festeggiare le nozze d'argento della coppia imperiale. Elisabetta riesce a fare in modo che l'imperatore, a nome di entrambi, chieda che si rinunci ai festeggiamenti; a Vienna però i preparativi sono già arrivati ad un punto da non poter più rinunciare ad ogni manifestazione senza amareggiare la gente. Nel luogo dove in altri tempi si ergevano le fortificazioni scozzesi, dove il sarto Libényi aveva aggredito l'imperatore, si erge adesso un duomo gotico, una chiesa votiva costruita con i soldi raccolti dalle elemosine; l'inaugurazione è prevista durante i festeggiamenti per le nozze d'argento. Il 24 aprile, nel giorno dell'anniversario di matrimonio, Elisabetta è davanti all'altare della nuova chiesa con Francesco Giuseppe. Una lunga catena di cerimonie si snoda nella celebrazione religiosa. Il passaggio fra le viuzze stracolme di gente, gli omaggi, la messa solenne, il lungo rituale delle congratulazioni, la presentazione della festa, uno spettacolo di luci – sebbene Elisabetta in tutto ciò sia solo il centro passivo, lo sente comunque come un gran tormento. Il corteo storico, ideato da Hans Makart e al quale partecipa lui stesso circondato dalle donne più belle di Vienna, dalla nobiltà e dalla ricca borghesia, rappresenta il culmine dei festeggiamenti. La città, con questo pomposo omaggio alla coppia

La famiglia imperiale austriaca: l'imperatrice Elisabetta con le figlie Gisella e Maria Valeria, dietro, in piedi, l'imperatore Francesco Giuseppe e il principe Leopoldo di Baviera, a destra l'arciduca Rodolfo e l'arciduchessa Stefania.

Hans Makart, *Corteo in onore dell'imperatore Francesco Giuseppe e dell'imperatrice Elisabetta per le nozze d'argento il 27 aprile 1879.*

imperiale, ha messo in scena la sua riconciliazione con Francesco Giuseppe. Trentun anni prima Vienna si era trovata in opposizione, segretamente in ribellione, ma ora, proprio come Elisabetta, si è riappacificata con Francesco Giuseppe. I festeggiamenti nuziali nella chiesa votiva rafforzano il legame matrimoniale di abitudine di Elisabetta, il corteo d'onore rafforza il matrimonio di ragione che lega Vienna al regime politico di Francesco Giuseppe.

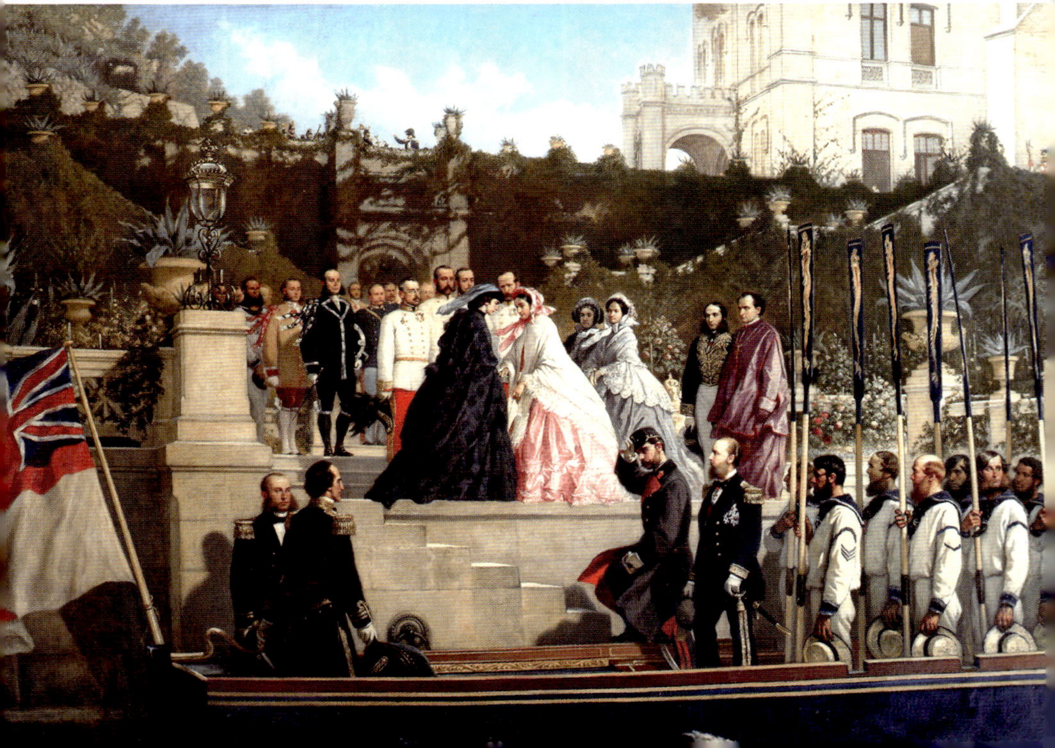

Heine e Schopenhauer nella solitaria Hermesvilla

La sensibilità dell'imperatrice Elisabetta era un dono di natura. Non tutto quello che le fa dire il suo lettore e accompagnatore Dr. Christomanos è stato da lei veramente detto. Il letterato greco con tratti viennesi, nonostante la potesse osservare da vicino, vide molte cose relative all'imperatrice in chiave letteraria, come struggimento romantico; quando invece si trattava del malessere di nervi nobili di fronte ad un mondo non nobile. Molto è stato detto della predilezione di Elisabetta per Heinrich Heine senza dire che l'Heine che lei amava non era quello degli intellettuali liberali. Lei era una sentimentale. Se la sua natura fosse stata attiva, sarebbe diventata una ribelle. Al disgusto passivo non resta che la fuga. Questo disgusto porta le persone anziane e gli stravaganti a diventare degli Schopenhauer, come imperatrice si ha la

Moritz Daniel Oppenheim, *Heinrich Heine*, il poeta preferito di Sissi, 1831.

Pagina a fronte

A sinistra in alto: la Chiesa votiva di Vienna, costruita con i soldi raccolti, come «ringraziamento per il salvataggio di Sua Maestà» nell'attentato al giovane imperatore. Cartolina risalente al 1900 circa.

A destra in alto: la coppia imperiale durante il venticinquesimo anniversario delle nozze, nell'anno 1879.

In basso: Cesare Dell'Acqua, *L'arrivo di Elisabetta al castello Miramare di Trieste*, 1863.

libertà di scegliere la solitudine. Elisabetta lesse Schopenhauer e sembra che abbia tradotto in greco moderno alcuni capitoli di «Parerga e Paralipomena». Nella Hermesvilla, la costruzione nascosta nel giardino zoologico di Lainz, è stata trovata un'immagine del filosofo nella camera da letto dell'imperatrice. Questa costruzione, ancora oggi lontana dalla gente, eretta in mezzo all'allora giardino zoologico imperiale, era l'isola che Elisabetta si era creata per la sua permanenza a Vienna. Circondata da boschi che si estendevano per ore, era all'epoca introvabile. Confrontata con i castelli da caccia degli Asburgo è priva di gusto, per stile e struttura più simile ad un sanatorio che ad un palazzo reale. Non venne realizzata secondo un progetto di Elisabetta che non fu responsabile per questa costruzione, come per tante altre cose che le erano intorno. Francesco Giuseppe, d'altronde, non aveva alcun gusto nel costruire e nell'abitare. La sua carenza di rapporti umani non conosceva nemmeno questo ponte verso la realtà. In questo era un Lothring, non un Asburgo. Ai tempi dell'imperatore Francesco, prozio di Francesco Giuseppe, si era trovato uno stile per la sobrietà della casa Lothring; Francesco Giuseppe lasciava il compito della costruzione agli architetti. Il cattivo gusto degli anni Settanta di quel secolo, trova nella Hermesvilla un monumento: è tutto un brulicare di etager e mensole, vasi di bronzo e orribili mobili in stile Makart, in realtà non uno stile bensì la passione dei nuovi ricchi della Borsa. La villa non presenta i vantaggi, ma solo gli svantaggi dei castelli: non è confortevole. Anche in estate, quando il sole scompare dietro

Ad Heinrich Heine

Da quando alla sua tomba sono stata
Dall'ardore l'animo mi sento consumare;
Anelo al tumulo disadorno,
Eppure nulla mi ha concesso!

Credevo di dovervi trovar qualcosa,
Solo un fiorellino, oh non i resti mortali
Sarebbe stata una gioia troppo grande!
Qualcosa soltanto, la più piccola pietra.

Ma il tumulo nessun fiore adorna,
L'arida erba non reca pietra alcuna;
Lo adornavano soltanto il sole dorato,
La luce delle stelle e della luna.

Poesia di Elisabetta

A SINISTRA: Hermann Nigg, *Elisabetta con il suo ventaglio*, che dovrebbe dovuto proteggerla dagli sguardi curiosi, 1882.

A DESTRA: la Hermesvilla nel giardino zoologico di Lainz.

le cime boscose, vi fa decisamente freddo. Dai boschi sale la nebbia, le persone vengono di rado a perdersi qui. Gli animali selvatici del parco possono giungere fino in casa.

Qui alloggiava Elisabetta quando era ospite in Austria, fino al giorno in cui morì il principe ereditario Rodolfo. Da quel momento in poi evitò per sempre la vista del suo regno.

Dei ventotto anni passati dalle sue nozze con Francesco Giuseppe, Elisabetta ne aveva trascorsi oltre la metà fuori dall'Austria. Era imperatrice solo sui quadri nei saloni della borghesia, sulle stampe ad olio nei soggiorni dei contadini, in realtà non lo fu mai. Non era una persona che teneva diari e che, innamorata della propria vita, di tanto in tanto guardava al passato; se avesse lasciato scorrere quegli anni, osservandoli, non ne avrebbe trovato nemmeno uno a cui guardare con compiacimento. Il meraviglioso sogno del periodo del fidanzamento era stato breve, il risveglio l'aveva disincantata.

Elisabetta, ancora giovane, si era sottratta ad un vita di completa rassegnazione fuggendo; dal giorno funesto che la privò del figlio, l'esistenza della cinquantunenne imperatrice divenne un tormento.

Mercoledì 30 gennaio 1889. «Alle dieci e undici minuti dell'orologio del castello», così riporta il conte Hoyos in un memoriale all'imperatore, «entrai nella corte svizzera, lasciando il mio vetturino nella Josephsplatz, e mi diressi, attraverso la cosiddetta scala della cucina, verso l'appartamento del gran cerimoniere di corte del principe ereditario, il viceammiraglio conte Carlo Bombelles. Lo trovai a casa e gli comunicai la terribile notizia. Andammo insieme dal gran cerimoniere di corte dell'imperatrice, barone Nopcsa, e con lui dall'aiutante generale conte Leopold Paar. Fu deciso ... di comunicare l'inaspettata, terribile disgrazia prima a Sua Maestà l'imperatrice. L'onere della comunicazione fu assunto dalla signorina von Ferenczy ...». Ida von Ferenczy, da venticinque anni persona di fiducia dell'imperatrice, ha il contegno di presentarsi alla sua signora con la notizia che Hoyos aveva portato da Mayerling. Ci vollero quindici minuti, per coloro che aspettavano un'attesa interminabile, perché la signorina Ferenczy tornasse dalle stanze dell'imperatrice. La grande, inespressa domanda: l'imperatrice comunicherà all'imperatore la terribile notizia? Dall'arrivo del Conte Hoyos è trascorsa un'ora, Francesco Giuseppe ha ospiti nel suo studio, la stretta stanza di colore rosso scuro con vista sul

Il principe ereditario Rodolfo, intorno al 1885.

cortile interno del castello. Il conte Hoyos, il Barone Nopcsa, il conte Paar, il conte Bombelles aspettano. La signorina von Ferenczy è di nuovo dall'imperatrice. Un servitore comunica al conte Paar il desiderio dell'imperatrice che si provveda ad interrompere l'udienza. L'aiutante generale aspettava questa comunicazione per sospendere l'ordine del giorno. Le porte si aprono e coloro che erano in attesa, inchinandosi profondamente davanti all'eccessivo dolore, vedono l'imperatrice, da sola, col volto velato, entrare con passo deciso nella stanza di Francesco Giuseppe.

Dietro le bianche porte che separano la stanza dell'imperatore dall'anticamera, in questo momento improvvisamente crolla tutto ciò che avevano costruito le generazioni precedenti del casato: due sventurati, un padre e una madre, si trovano disorientati di fronte alla violenza impietosa di un destino fulminante.

Baronessa Mary Vetsera (1871–1889), l'amante del principe ereditario Rodolfo. Andò incontro alla morte insieme a lui.

Dall'oscurità della tomba si alza la figura del figlio. Con chiarezza terrificante appare la sua vita, anno per anno: l'infanzia, la rapida fioritura di un bambino dalle grandi doti, la sua volontà di mettere a frutto le doti del suo spirito, il suo desiderio impellente di sapere più di quanto gli viene insegnato, la lotta già in tenera età, la violenta oppressione delle sue ambizioni, il piegarsi della sua natura insolita a regole che solo per chi è ordinario possono avere senso e meritare attenzione, l'obbligo di rinunciare a gestire la vita secondo il proprio gusto e i propri desideri ... Sono momenti terrificati quando la catena di queste immagini culmina nella sconfortante realtà. La testa del figlio dilaniata dalla pallottola appare in ogni quadro, appare come un fantasma nell'oscurità, si manifesta nei sogni. Riuscirà Elisabetta a sopportare questo tormento? Sa che non vi è suicidio nel quale accanto alla propria colpa non vi sia quella degli altri. Nulla sappiamo di questo attimo finale nel quale chi è deciso a eliminarsi compie il salto nell'oscurità ignota; conosciamo solo le torture di colui che rimane e si sente in parte colpevole. La sua vita viene distrutta da un tormento continuo. Non vi è nessun rimedio della volontà, nessuna medicina nella farmacia dell'intelletto che possa domare questa bestia. Anche colui al quale è concessa la mancanza di timore, viene raggiunto dall'immagine del defunto pensando alla propria morte. La parentela con il suicidio dura tutta

A SINISTRA: inizialmente, il 31 gennaio 1889, la *Wiener Zeitung* riporta che il principe ereditario Rodolfo «si è spento improvvisamente in seguito a un attacco di cuore».

A DESTRA: il principe ereditario Rodolfo sul letto di morte.

Wiener Zeitung.

Nr. 26. Donnerstag, den 31. Jänner 1889.

Amtlicher Theil.

Seine k. und k. Hoheit der durchlauchtigste Kronprinz Erzherzog Rudolph ist gestern, den 30. d. Mts., zwischen 7 und 8 Uhr früh in seinem Jagdschlosse in Meyerling bei Baden, am Herzschlag plötzlich verschieden.

Il palazzo di Mayerling, acquistato dal principe ereditario Rodolfo nel 1886 e fatto da lui trasformare in un castello per la caccia, nel 1889 divenne teatro di eventi tragici.

la vita. La lettera di commiato ad Elisabetta inizia con le parole: mia cara mamma, non ho più alcun diritto di vivere... Chi gli ha negato questo diritto, chi lo spinge a doversi negare questo diritto?

Mentre si prepara la cerimonia funebre, l'imperatrice è una donna paralizzata dal dolore, dai sensi di colpa e dai dubbi. C'è qualcuno che è meglio informato di lei, le viene nascosto qualcosa, forse l'ultima lettera di Rodolfo non dice tutto? Quanto a fondo vanno le conoscenze del conte Hoyos che ha portato la notizia dal letto di morte al castello? Lui c'era, lui era il confidente di Rodolfo. Ha detto la verità all'imperatore? Sa più di quanto racconta? Elisabetta vuole sapere tutto. Nulla le deve rimanere oscuro. Da quanto tempo Rodolfo conosceva la baronessa?

Il confidente del defunto risponde: da ottantasette giorni. L'aveva

A Vienna ho fatto esperienza delle più terribili catastrofi: rivoluzioni, campagne militari sfortunate, province perdute, devastazioni e stragi a causa dell'acqua e del fuoco – nulla di ciò era anche solo lontanamente paragonabile a questo orribile 30 gennaio.

Eduard Hanslick nei suoi ricordi

conosciuta il 5 Novembre 1888. Era stata cinque volte da lui al castello. Bratfisch, il vetturino, la portava sotto il ponte di Palazzo Albrecht, lì la aspettava Loschek, il portiere, che la accompagnava attraverso il cancello all'interno del castello. Come riusciva, la sedicenne, a lasciare la casa? Il suo amore le dava il coraggio. Escogitava le vie d'uscita più sorprendenti per fuggire dalla propria casa. Una sera doveva recarsi all'opera con la sua famiglia. Aveva scelto quella data per un incontro galante. La sera si lavò i capelli così tardi e così a lungo che poco prima della partenza erano ancora completamente bagnati. Si mostrò sgomenta e triste di non poter andare all'opera per colpa dei capelli bagnati. Rimase a casa. Non appena sentì il rumore della

Sepoltura del defunto principe ereditario di Austria-Ungheria il 5 febbraio 1889. È raffigurato il momento che precede l'ingresso della salma nella Chiesa dei Cappuccini.

carrozza che portava via la madre e la sorella, si affrettò ad uscire da casa dirigendosi verso la Salesianergasse e poi, girato l'angolo, nella Marokkanergasse dove la attendeva la carrozza di Bratfisch. Altre informazioni erano in possesso della contessa Larisch ... le lettere della baronessa rivelano che «era il 15 gennaio quando non negò più nulla al principe ereditario». Secondo quanto riportano l'arciduca Otto e il principe Filippo Koburg, il principe ereditario in quei giorni aveva parlato della baronessa, mostrando anche un portasigarette regalatogli da lei nel cui interno erano incise queste parole: «Grazie al felice destino! 15 Gennaio 1889». Il confidente del defunto riferisce ancora: la morte comune era convenuta. [...]

L'ala Amalia, la parte del castello nella quale alloggiava l'imperatrice con il suo seguito, che con i grandi occhi del suo orologio guardava alla Franzensplatz, durante la notte è illuminata a giorno. L'imperatrice non dorme, si dice. Due giorni dopo le esequie di Rodolfo nella cripta dei cappuccini, la sera tardi al Neuer Markt, davanti alla piccola porta dei cappuccini, si ferma una carrozza dalla quale scende una donna dal volto velato. Si affretta verso il portiere e chiede di parlare col padre guardiano; viene fatto chiamare. «Chiedo di essere portata nella cripta ...». Il religioso, sorpreso e immaginando chi ha di fronte, fa illuminare l'anticamera della cripta e conduce la dama, attraverso l'oscurità opacamente illuminata e il silenzio delle volte, all'entrata della cripta.

La figlia minore di Elisabetta, Maria Valeria, insieme al marito, l'arciduca Francesco Salvatore, nell'anno 1890.

Cassetta foderata in pelle, con biglietto da visita incollato sopra, nella quale Elisabetta conservava le lettere, intorno al 1890.

PAGINA A FRONTE: Leopold Horovitz, *Elisabetta in abito nero*, 1898.

Giunta alla scala la donna rifiuta di essere accompagnata oltre e comincia a scendere gli scalini, lasciando il padre cappuccino nell'atrio vuoto. Dopo mezz'ora torna su, lasciando il defunto; sale sulla carrozza e riparte, da sola come era arrivata. Adesso Elisabetta non lascia più le sue stanze. Si isola dal suo prossimo. Solo a sua figlia Valeria apre le porte. Si teme che questo chiudersi nel dolore causi un collasso nervoso. Durante la cerimonia funebre gli occhi della folla hanno invano cercato l'imperatrice; ora si mormora che la donna, duramente provata, abbia ceduto alla pazzia. Nessun medico individua la malattia, l'incipiente cardiopatia.

Nel periodo peggiore rimase vicina all'imperatore e quanto questo lo abbia aiutato è dimostrato dalle parole rivolte a Paar poco dopo la morte di Rodolfo: «Se non avessi avuto mia moglie, sarebbe stata la mia rovina». L'imperatrice sembrava più forte di quanto non fosse realmente, perché sapeva sopportare il dolore in silenzio. Il suo dolore non usciva dall'isola della sua solitudine interiore. Rimase vicina alla figlia minore che a Natale dell'anno del tragico evento si fidanzò con l'arciduca Francesco Salvatore di Toscana, si recò insieme a lei a Wiesbaden e ad Heidelberg. Nelle vicinanze di Francoforte il treno deragliò; ci furono morti e feriti. Fra i tre vagoni integri vi era il vagone adibito a salotto per l'imperatrice.

L'autunno di quell'anno funesto Elisabetta lo trascorre a Corfù e a Tunisi. Il 4 novembre 1889 torna a Vienna. Elisabetta sopravvaluta l'effetto che si aspetta dai cambiamenti di luogo. Né il continuo movimento, né il continuo mutamento di luogo riescono a guarire i nervi. Le ombre non ci abbandonano neanche nella corsa più veloce. La accompagnano per mare, non si sciolgono sotto il sole d'Africa, si trasferiscono all'Hofburg con Elisabetta. È un ritorno malinconico, un inverno cupo, un Natale tetro. Elisabetta vieta ogni augurio, ogni saluto al nuovo anno. Distribuisce gioielli,

Elena, sorella di Elisabetta, negli anni della gioventù.

abiti, ventagli, pellicce a sua figlia e alle dame di corte, come se desiderasse chiudere anche nelle apparenze con l'esistenza precedente. In futuro, solo il nero sarà il suo colore. «Ogni persona», dice Elisabetta, «affronta un giorno nel quale la propria anima muore; si continua a vivere, ma solo fisicamente. Non c'è più gioia, ma neanche più dolore che la possano scuotere».

Nel nuovo anno Elisabetta viene chiamata a Regensburg. La cinquantaseienne sorella maggiore, Elena, vedova del principe ereditario di Thurn e Taxis, è ammalata. Chiede di Elisabetta. Le due sorelle sono legate da un rapporto che va oltre la stretta parentela; fra di loro, il cui destino è stato scambiato dal fato, vi è una specie di solidarietà nel disprezzo delle cose terrene. Elena, una delle donne più ricche d'Europa, provava ben poco interesse sia per i grandi possedimenti della famiglia Thurn e Taxis con i suoi palazzi e giardini, che per lo stile di vita principesco. Elisabetta arriva al capezzale di Elena. La sorella muore fra le sue braccia.

L'Achilleion a Corfù

Elisabetta rimane poco dalla madre. Poi torna solo di tanto in tanto a Vienna, come ospite. Sembra aver trovato una nuova patria, poiché progetta di far costruire un palazzo sull'isola di Corfù, sette chilometri a sud della città, sulla cima di Gastouri. Durante i suoi viaggi per mare era sempre stata attratta da questa terra dei popoli antichi, della Scheria omerica. Ormai aveva viaggiato per tutto il vecchio mondo, la Svizzera, la Francia, l'Italia, la Grecia, era arrivata dal Mediterraneo all'Africa e alle Azzorre; ma questa stretta fascia di terra dalla forma di falce, la cui storia più antica arriva dai

Pagina a fronte

An alto: vista dell'Achilleion in direzione della città di Corfù (Kérkyra).

A sinistra in basso: la scalinata all'interno dell'Achilleion.

A destra in basso: il cancello del giardino dell'Achilleion.

A SINISTRA: la facciata principale.

A DESTRA: il tempio di Heine.

liburni illirici a Chersicrate di Eraclea, aveva l'effetto di una preziosa droga sui nervi e sulla testa di questa donna addolorata. Qui la coscienza si staccava dalla catena dei ricordi, qui l'imperatrice credeva di poter dimenticare, e poiché ne era convinta, colei che fuggiva dall'esistenza costruì come se volesse vivere in eterno.

Il palazzo viene costruito nella montagna, vicino alla strada che da Corfù, attraversando Benizze e passando lungo la costa, porta al villaggio di Gasturi. La facciata

anteriore della costruzione ha tre piani, quella posteriore un piano. Da qui si accede ad una terrazza-giardino con alberi secolari. Un muro di recinzione di un bianco splendente, sovrastato dalle fronde degli olivi, separa il parco e il castello dall'esterno. Un ampio cancello in ferro impedisce l'accesso dalla strada. Da qui una rampa conduce al portico esterno dell'edificio le cui forti colonne sostengono l'ampia veranda. Il secondo e terzo piano sono arretrati in modo da formare due

IN ALTO: il portico con le colonne.

A SINISTRA IN BASSO: Elisabetta in veste di imperatrice poetessa davanti all'Achilleion. Illustrazione di un giornale.

A DESTRA IN BASSO: *Achille morente* nel giardino di Achilleion.

logge ai due lati della veranda. Sul lato lungo, rivolto verso l'interno dell'isola, si trova un'altra veranda. Da qui si scorgono Gasturi e Aji-Deba, un pittoresco paesino arroccato sulla montagna. Attraverso il portico sorretto da colonne si accede all'atrio aperto. Ricorda la sala del parlamento viennese: una sala dalle pareti alte, fredda, sorretta da colonne corinzie. La freddezza del marmo liscio è mitigata dai tappeti rossi sul pavimento e alle pareti. Alti specchi, estranei a questo ambiente, moltiplicano lo spazio. Da entrambi i lati della scalinata vi sono degli enormi vasi di bronzo e porcellana con palme a ventaglio le cui foglie raggiungono il soffitto. Da questa sala, tramite delle porte, si accede alle altre stanze del palazzo: la sala da pranzo, la sala da gioco e gli appartamenti dell'imperatrice. Un piccolo locale a destra dell'ingresso dell'atrio è adibito a cappella; sopra l'altare si trova la scritta «Notre Dame de la garde», la Madonna del navigatore di Marsiglia. «L'ho portata io stessa da Marsiglia», racconta l'imperatrice, «è la protettrice di tutti i navigatori». La scalinata di marmo,

Friedrich August von Kaulbach, *Elisabetta a Corfù*, dopo il 1898.

che dalla rampa nel giardino inferiore porta alla terrazza giardino superiore, è adornata da statue di Venere, Artemide e di bei giovani. Le colonne che sostengono il tetto sono dipinte di rosso vermiglio, i capitelli sono riccamente ornati d'oro e dipinti di rosso e blu; la parete opposta al colonnato è decorata con grandi medaglioni affrescati: Apollo e Dafne, Omero cieco, Teseo e Arianna, Esopo e paesaggi dell'Odissea. In mezzo vi sono delle erme con teste antiche. Al bordo inferiore del palazzo, verso nord e verso il mare, troneggia una figura in marmo bianco, Peri, la fata della luce, che sulle ali di un cigno scivola sulle onde. Alcune delle immagini in marmo Elisabetta le ha acquistate a Roma dalla collezione dei principi Borghese. Una di queste sculture, la «Terza danzatrice» di Canova, ha una storia: la modella del grazioso nudo femminile era stata Paolina Borghese, la sorella più amata da Napoleone. Elisabetta conosce la storia di questa statua. «La adoro», dice, «non è fatta per stare in un museo, ma spero che sia ben accetta». Fra le colonne pendono catene con appese antiche lampade in bronzo.

Dr. Constantin Christomanos, accompagnatore e insegnante di greco dell'imperatrice.

L'ampio giardino del palazzo presenta alberi secolari: cipressi, magnolie, olivi e fra di essi aiuole di fiori con rose e giacinti. Alla fontana vi è un satiro nero che porta sulle spalle Dioniso bambino. Ai bordi del giardino, dove il pendio scende verso il mare, Elisabetta si fa montare un padiglione circolare con il tetto di una tela colorata, adornata da antichi motivi. Da qui si gode il panorama sul mare e sulle lontane montagne albanesi. Verso nord vi sono altre due terrazze. Al bordo più esterno risplende la statua di Achille morente, la preferita di Elisabetta. «Era forte e testardo e disprezzava tutti i sovrani e le tradizioni ..., per lui solo la propria volontà era sacra e ha vissuto solo per i propri sogni ...». Una scala in marmo conduce da qui alla seconda terrazza situata più in basso. In mezzo alle rose è posta una statua di Ermes, una copia del famoso bronzo di Ercolano. Tramite una scala doppia di forma

Una cartina geografica di Corfù dell'anno 1894. L'Achilleion si trova a sud del capoluogo (indicato con un punto rosso).

semicircolare si scende alla terza terrazza, la «terrazza di Achille». Elisabetta definisce questa costruzione il suo «giardino pensile». La grotta di stalattiti sotto la scalinata di marmo è nello stile di Elisabetta. Ne esce una luce verde, crepuscolare, prodotta artificialmente; sullo sfondo sono applicati degli specchi che prolungano all'infinito lo specchio d'acqua. È la «grotta di Calipso» di Elisabetta. Pergolati ombrosi, pieni di fiori si estendono su entrambi i lati «dell'Achille morente», fra il verde si intravedono ninfe dei boschi e un fauno ubriaco.

Vuole, se possibile, che ogni pezzo dell'arredamento degli interni sia realizzato secondo un modello preciso e con i materiali più preziosi. Vi sono una poltrona come quella che Adraste offrì ad Elena, intarsiata d'argento e d'avorio e coperta da un imponente vello di pecora, delicati poggiapiedi e scatole, ricostruzioni di pezzi antichi. Grande attenzione viene dedicata all'ampio letto greco che si alza solo di un dito dal pavimento della stanza. Sulle colonne luccicanti sono modellate ninfe a sorreggere il «cuscino avvolto nei sogni»; sul letto è buttata una coperta di seta, così come Elena aveva ordinato alle serve di preparare il letto per Telemaco. Alle pareti vi sono splendidi vasi di vetro blu simili a quelli che accompagnavano i defunti nelle tombe. Al piano di mezzo, al quale non si accede direttamente dal giardino, vi sono le stanze degli ospiti, le stanze dell'imperatore e dell'arciduchessa Valeria. Questo palazzo, creato per ammirare e sognare, diventerà la nuova casa di Elisabetta.

Vienna non le perdonò questa costruzione. Non riuscivano a capire il progetto di un palazzo nello stile degli antichi greci, con le sue centoventotto stanze, con terrazze e colonnati, atri, logge e con stalle per cinquanta cavalli. La residenza sul mare di Elisabetta inghiottì somme esorbitanti e, sebbene Francesco Giuseppe si fosse assunto le spese preventivate, Elisabetta rinunciò anche ad una parte del suo tesoro in gioielli per poter realizzare la costruzione secondo il proprio gusto. Con l'Achilleion la più infelice delle sovrane si è eretta un monumento che dice molto più di lei dei diari del suo fedele accompagnatore, il Dr. Christomanos. La fuga dalla realtà tormentosa in uno scenario individuale è comune al suo amato cugino Ludovico II di Baviera, realizzatore dei palazzi di Linderhof, Neuschwanstein e Herrenchiemsee, al quale Elisabetta fece visita quando era già mentalmente ottenebrato

Richard Bitterlich, *L'imperatrice Elisabetta in abito nero con colletto di pizzo e croce tempestata di rubini.*

sulla sua «Isola delle rose» presso Feldafing. La sua fantasia nella costruzione era meno sfrenata di quella del sovrano bavarese, ma condivideva con lui la stessa tendenza alla smania di isolarsi; lo sguardo che osserva l'edificio e che abbraccia il mare, la città lontana, il profilo remoto delle montagne deve percepire un mondo proprio, finalmente lontano dal precedente. [...] Pochi sapevano che questa imperatrice, madre e ora anche nonna, rimase fino alla fine una ragazzina. A Corfù tiene un diario, come quando aveva sedici anni, nel quale tesse le lodi del mare e annota i propri dolori. «Il mare mi vuole sempre avere; so di appartenergli. Quando siamo in alto mare mi faccio legare ad una sedia, come faceva Ulisse, perché le onde mi chiamano ... Cosa accadrebbe se annegassi? ...»

Oggi desidero esprimerti i miei auguri più sinceri con la sentita preghiera di rimanere per me, anche nel poco tempo che forse ancora ci è concesso, così buona e amabile come lo sei sempre stata in modo crescente. Desidero esprimere ancora, poiché non so mostrarlo abbastanza e poiché inoltre ti annoierebbe se lo manifestassi sempre, come infinitamente ti voglio bene. Che Dio ti benedica e ti protegga e che ci conceda un nuovo piacevole incontro; di più non possiamo desiderare e sperare ... Il tuo amato.

Lettera del dicembre 1892 di Francesco Giuseppe ad Elisabetta.

Una confidente dell'imperatore: Caterina Schratt

È soprattutto un capolavoro di tatto, quello che compie avvicinando Caterina Schratt all'imperatore e favorendo l'amicizia che rischiarerà l'autunno della vita di Francesco Giuseppe. L'imperatore ha cinquantotto anni, è solo da quando Elisabetta trascorre la maggior parte dell'anno nell'Achilleion o in viaggio, corre il rischio di rimanere sempre più solo con il suo lavoro quotidiano e di irrigidirsi. La distanza fra padre e figlio era aumentata prima della morte di Rodolfo: il principe ereditario non desiderava accorciare quella distanza e l'imperatore è troppo avaro di parole per riuscire a trasformare l'udienza in un colloquio. Anche per le figlie, il padre è prima di tutto un imperatore. Quando la contessa Cornis esortò l'arciduchessa Valeria ad essere più affettuosa con l'imperatore, che dopo tutto era suo padre, la figlia rispose: «Ma lui è la Maestà!» Lui stesso in quegli anni non aveva trovato alcuna via verso l'affetto. Anche coloro che lo avevano sempre accompagnato nella vita iniziavano ad irrigidirsi. Solo la geniale franchezza di una donna poteva riuscire ad abbattere questo muro, liberando, con astuzia e sensibilità, l'imperatore dalla sua prigionia. Fu Elisabetta a trovare la donna di cui Francesco Giuseppe aveva bisogno. Lei stessa, come diceva sua madre, l'anziana duchessa Ludovica, era «una donna troppo scomoda per Francesco Giuseppe»; vicino alla semplice e sempre allegra signora Schratt l'imperatore dimenticò le preoccupazioni della sua esistenza.

Caterina Schratt, attrice di corte a Vienna.

Elisabetta vide confermate le sue previsioni: l'imperatore sentì che la sua vita si era arricchita, ritrovò il benessere. Il coraggio di Elisabetta di anteporre le necessità umane a tutti gli obblighi della convenzione riportò una vittoria che rimase intatta a dispetto dei piccoli dubbi avanzati dalla corte e dai parenti. Non c'era nulla che potesse essere mal interpretato nel rapporto che legava la signora Schratt all'imperatore e all'imperatrice. Entrambi, Elisabetta e Francesco Giuseppe, apprezzavano la casualità che aveva donato loro l'amicizia dell'artista viennese. Per la prima volta, dopo anni, alla fredda e problematica corte imperiale ricominciò a splendere il sole. Tuttavia vennero destati anche dei

Wilhelm Richter, *L'imperatrice Elisabetta in abito nero da cavallerizza durante la caccia di corte in Ungheria*, 1876.

dubbi. Quello che una dama di corte annotò sul proprio diario, e cioè che «all'imperatrice non si perdona il rapporto di amicizia con l'attrice dell'Hofburg Caterina Schratt, considerata intima amica dell'imperatore», non veniva detto solo dai lacchè angustiati per la reputazione della corte.

Nel gennaio del 1892 muore la madre di Elisabetta. Da questo momento in poi l'imperatrice diventa ancora più schiva. Neanche Corfù riesce a trattenerla a lungo. Quando vi soggiorna adora percorrere gli irti sentieri che portano alle montagne, senza la sua dama di compagnia, la contessa Sztáray e senza il Dr. Christomanos. Dopo aver concluso la sua passeggiata, studia il greco con Christomanos. La sera fa il bagno nella vasca di marmo di Villa Borghese. Alle nove regna il silenzio nel castello sul mare. Solo qualche volta accade che l'imperatrice, tormentata dall'insonnia, si alzi durante la notte. Allora il giardiniere la osserva uscire dalla terrazza in silenzio, per non svegliare nessuno, e dirigersi verso il parco buio. L'anziana guardia non osa farle un cenno di saluto quando ella gli scivola accanto come un'ombra.

IN UNGHERIA PER LA FESTA DEI MILLE ANNI

L'anno 1896 impone ad Elisabetta di interrompe re la vita nomade, mettere da parte l'abito nero e tornare ad essere per un momento imperatrice: l'Ungheria si prepara alla festa dei mille anni. Elisabetta si trova a Capo Martin, ha come vicina l'imperatrice Eugenia. Le due donne vanno molto d'accordo, Elisabetta è piena di delicate attenzioni per l'anziana dama che qui cerca di dimenticare una grande vita. L'atmosfera non giova alla chiamata di Vienna. «Non sono più adatta a cose del genere» dice Elisabetta quando viene pregata della sua presenza a Budapest. In marzo arriva l'imperatore per cercare di convincerla. Il Presidente Faure, che inaugura un monumento a Mentone, va in visita a Capo Martin. Il caso vuole che la sua carrozza passi dalla casa dell'imperatrice Eugenia. Francesco Giuseppe riesce

IN ALTO: cartolina illustrata con il ponte sul Danubio intitolato a Elisabetta (costruito nel 1903, distrutto nel 1945), sullo sfondo il Palazzo Reale di Budapest, intorno al 1905.

IN BASSO: Lajos Márk, *Elisabetta e la figlia Gisella si recano al Café Gerbeaud a Budapest*, 1900.

PAGINA A FRONTE: Philip Alexius de László, *L'imperatrice Elisabetta con corona*, intorno al 1898.

A DESTRA: la scrivania di Sissi nel Palazzo Reale di Budapest.

a far cambiare idea a Elisabetta. Lei accetta, pur avendo dei dubbi: «Durante i festeggiamenti temo di offrire un triste spettacolo». Per congedare l'imperatore, Elisabetta organizza una colazione a bordo del «Miramar»; sono ospiti l'imperatrice Eugenia e il principe del Galles. A maggio Elisabetta è a Budapest. Non si trattava di adulazione cortigiana quando i nobili ungheresi, il parlamento e la stampa la acclamavano; qui viene sinceramente adorata. Durante i festeggiamenti la cinquantanovenne regina è l'apparizione più magnifica. Siede sul trono vicino all'imperatore, avvolta in un abito di seta nera. Un lungo velo nero le copre i capelli. È molto pallida e non sembra poter proferire parola. «Si temeva», scrive un testimone della cerimonia, «che non riuscisse più a sopportare il martirio». Quando il presidente del parlamento pronuncia il suo nome, risuona una tempesta di acclamazioni: *Eljen, Erzsébet!* Ci vogliono dei minuti perché l'entusiasmo si plachi. «Il volto pallidissimo della regina arrossì, non riusciva più a contenere la sua profonda commozione; nascose le lacrime sotto il fazzoletto di pizzo». Fu l'ultima volta che Elisabetta venne vista in pubblico.

La morte di Sofia, sorella di Elisabetta

Il 5 maggio 1897 Elisabetta riceve la notizia che la sorella minore, la duchessa Sofia di Alençon, è deceduta in modo orribile. Il giorno precedente, le dame dell'aristocrazia francese avevano organizzato un bazar di beneficenza a Parigi. La striscia di celluloide di una nuova invenzione che veniva presentata, il cinematografo, era esplosa incendiando la tappezzeria e il fuoco si era propagato a tutta la sala. Centotredici persone persero la vita nell'incendio. Fra di loro doveva esserci anche la duchessa di Alençon che faceva parte del comitato. Fu trovato uno dei suoi anelli e solo più tardi furono rinvenuti i resti carbonizzati del suo corpo. Il duca, anch'egli ferito, insieme alle sorelle dell'imperatrice, la regina di Napoli e la duchessa di Trani, per tutta la notte l'aveva cercata invano tra i feriti che erano stati portati negli ospedali e in case private. I dettagli della catastrofe sono orribili. La duchessa, si racconta, avrebbe potuto portarsi in salvo, ma diede la precedenza alle giovani ragazze della tenda di vendita e la si sentì ancora dire «Le devoir avant tout.»[9] Poi nelle macerie, tra i resti dei cadaveri, si trovò il suo cranio; la cameriera personale la riconobbe dalla dentatura. Nessuno poteva dire se le parti del corpo sepolte con il cranio appartenessero davvero alla duchessa.

Elisabetta e Sofia erano state molto vicine. La sera stessa Elisabetta parla della sventura della sua casa. «Avanza, è peggiorata».

La sorella minore di Elisabetta, Sofia, al tempo del fidanzamento con il «principe delle favole» Ludovico II. L'imperatrice aveva confortato la sorella, quando Ludovico II di Baviera, l'11 ottobre 1865, poco prima della data del matrimonio, aveva sciolto il fidanzamento.

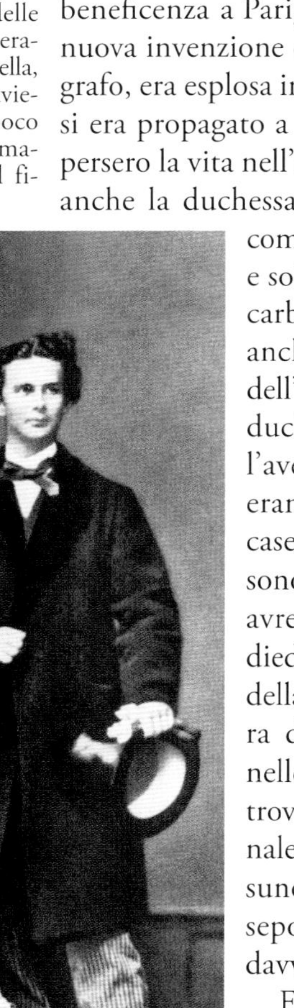

Le Petit Journal

Le Petit Journal
CHAQUE JOUR 5 CENTIMES
Le Supplément illustré
CHAQUE SEMAINE 5 CENTIMES

SUPPLÉMENT ILLUSTRÉ
Huit pages : CINQ centimes

ABONNEMENTS

Huitième année DIMANCHE 16 MAI 1897 Numéro 339

INCENDIE DU BAZAR DE LA CHARITÉ
LE SINISTRE

Copertina de *Le Petit Journal* del 16 maggio 1897 con un resoconto dell'incendio scatenatosi al bazar di beneficenza a Parigi. Al centro si vede la duchessa Sofia che muore tra le fiamme.

Tormentata dal dolore, si reca a Kissingen dal professor Sotier. La cura non le porta alcun giovamento. L'agitazione di Elisabetta aumenta. Non riesce a fermarsi in nessun luogo. Da Kissingen va a Langenschwalbach, poi a Lainz e in luglio a Ischl. Da qui la pioggia e l'acqua alta la fanno fuggire sul Lago di Carezza. In novembre è a Biarritz. «Una fredda pioggerella cadeva insistentemente e il termometro scese sotto lo zero. Tremavamo dal freddo, si gelava». L'imperatrice non riesce a dormire, è nervosa, tormentata dalla gotta reumatica, ma dei medici non vuole saperne. Crede a tal punto nel mare da volervi fare il bagno, nonostante il gelo e i dolori. Le devono impedire di farlo con delicata violenza. Infine i dolori piegano l'ostinazione; il medico consiglia il clima caldo, le Isole Canarie. Elisabetta invece va a arigi per sottoporsi ad una cura di massaggi. Delle sue quattro sorelle sono ancora in vita Maria, regina delle Due Sicilie, e Matilde contessa di Trani. Matilde ha l'abitudine della sorella di essere sempre in viaggio e lo fa sotto il modesto nome della signorina Nelly Schmidt. Entrambe si trovano a Parigi; il ventiquattro dicembre del 1897, il giorno del sessantesimo compleanno di Elisabetta, le tre sorelle lo trascorrono insieme all'hotel Dominici. Il primo dell'anno si mettono in viaggio verso Marsiglia, dove le aspetta lo yacht di Elisabetta.

Il 1° marzo 1898 le sorelle passano da Torino dirette a Territet, in Svizzera; Matilde si congeda per recarsi a Monaco. Elisabetta rimane a Territet. In sua compagnia ci sono la Contessa Sztáray e Friedrich Barker, il giovane lettore. Il suo stato di salute peggiora. Ai dolori provocati dalla gotta si aggiungono delle nevralgie. Lascia la Svizzera e va a Kissingen. In maggio giunge Francesco Giuseppe per una breve visita. Lei si ferma fino a metà giugno. La cura non provoca il minimo miglioramento. Elisabetta arriva malata a Lainz. «Nascondeva il suo volto magro ed emaciato; non sopportava più di vedere delle persone intorno a sé. Anche stare insieme al marito e ai figli le risultava gravoso». Le fredde

Ad un concerto alle terme di Bad Kissingen, cartolina del 1900 circa.

notti e la nebbia mattutina del giardino zoologico di Lainz la costringono ad allontanarsi; il 2 luglio parte per Ischl, ma non aspetta il compleanno di Francesco Giuseppe. In luglio i giornali riportano la notizia che l'imperatrice si deve recare a Bad Nauheim; l'anemia, una forte nevrite, l'insonnia che da tempo la tormenta e la dilatazione cardiaca che adesso si aggiunge a tutto questo confermano l'urgenza che l'imperatrice si sottoponga ad una cura a Nauheim. Durante il viaggio verso i bagni tedeschi, Elisabetta si ferma a Monaco senza far visita ai suoi parenti. Rimane a Nauheim fino al 29 agosto e poi si reca di nuovo in Svizzera. Questa volta sceglie Mont de Caux come luogo di soggiorno. Si sente meglio, si può nuovamente avventurare nei vicini boschi. Ha intenzione di rimanere cinque settimane; il 2 dicembre, per il cinquantesimo anniversario dell'incoronazione di Francesco Giuseppe, desidera, come scrive, essere a Vienna. Il 9 settembre 1898 fa visita alla Baronessa Matilde Rothschild nel castello di Pregny, proprietà precedentemente appartenuta a Giuseppe Bonaparte. «La sera precedente», così racconta il giovane Barker, «eravamo seduti su un sasso nelle vicinanze

Wilhelm Gause, *Francesco Giuseppe ed Elisabetta durante una passeggiata a Capo Martino (Mentone) nella Riviera francese*, 1898.

L'imperatrice Elisabetta, insieme alla dama di corte ungherese contessa Irma Sztáray, a Territet, sul Lago di Ginevra. Disegno realizzato sulla base dell'ultima fotografia, scattata alla vigilia dell'assassinio.

del pontile d'imbarco di Territet. L'imperatrice stava sbucciando un pesca e me ne diede la metà. Un corvo dello stormo degli uccelli neri che si trovano lì si alzò in volo e con un'ala colpì il frutto nella mano dell'imperatrice, tanto le si era avvicinato. È l'uccello della sventura per gli Asburgo. Io non osai dirlo. L'imperatrice, come se lo avesse indovinato, mi guardò e disse: 'Caro amico, non ho paura; sono una fatalista. Quello che deve accadere, accadrà'». Dopo la visita dai Rothschild a Pregny, si reca a Ginevra. Alloggia nuovamente all'hotel Beau Rivage sul Quai du Mont Blanc, come negli anni passati. La padrona conosce la sua ospite, le viene assicurata la riservatezza, ma il governo cantonale è già stato da tempo informato, anche da Vienna. Gli agenti del dipartimento politico della polizia segreta sono già entrati in servizio prima dell'arrivo dell'imperatrice.

Il giorno seguente, il 10 settembre 1898, all'una e un quarto Elisabetta lascia l'hotel con la contessa Sztáray e con Barker. Vogliono tornare a Mont de Caux. La barca ha già dato il segnale di partenza; non è sicuro che ce la facciano a raggiungerla. La Contessa Sztáray corre avanti. L'imperatrice si affretta alla sua sinistra, un passo indietro, con la destra rivolta verso terra, Barker procede lungo il lungolago. In questo istante un uomo appoggiato alla barriera del lungolago attraversa con due passi il marciapiede, giunto sul lato destro dell'imperatrice inverte la direzione verso destra e la colpisce. Elisabetta barcolla per un istante, viene afferrata da Barker e sorretta da lui e dalla contessa Sztáray che è tornata indietro. Alla domanda se sia rimasta ferita durante lo scontro, risponde: «Non so». Cammina, sorretta, per venticinque metri fino al pontile d'imbarco, dove però si accascia e viene portata sulla barca. Qui perde conoscenza. Intanto il battello a vapore si è messo in movimento. La Contessa Sztáray è dell'idea che la perdita di conoscenza sia una conseguenza dello scontro o dello spavento.

L'attentato ad Elisabetta. Illustrazione di un giornale dell'epoca.

Lei e le dame a bordo si occupano della svenuta. Si cerca un medico fra i passeggeri. Sulla barca non ci sono medici. La Contessa Sztáray ha aperto la camicetta dell'imperatrice e le ha slacciato il corsetto. Elisabetta riprende coscienza e chiede: «Cosa è accaduto?» La dama di compagnia vede, un centimetro sotto il seno sinistro dell'imperatrice, un taglio sottile come provocato da un rasoio, ne escono due gocce di sangue. Adesso si spaventa, chiama il capitano e gli dice chi è la

A SINISTRA: l'attentatore Luigi Lucchen, con il sorriso sulle labbra.

A DESTRA: l'edizione speciale del giornale *Neue Freie Presse* del 10 settembre 1898 annuncia l'assassinio dell'imperatrice.

Neue
Freie Presse.
Extra-Ausgabe.

№ 12230. Wien, Samstag, den 10. September

Die Kaiserin ermorde

Wien, 10. September, 5 Uhr Nachmitta

Eine entsetzliche, niederschmetternde Nac
ist soeben eingetroffen. Unsere edle Kaiserin E
beth, aus deren Händen die Welt nur G
empfing, ist an den Ufern des Genfer Sees, w
sie gekommen war, um Heilung für ihre L
zu finden, von einem Elenden ermordet worde

Folgende Depeschen sind uns zugegangen:

Genf, 10. September. **Kaiserin Elisabeth** hatte heute eine Spazierfahrt
Dampfer über den Genfer See unternommen. Als das Schiff in Genf landete und die
das Schiff verließen, **näherte sich der Kaiserin ein Individuum, das ihr ei**
messer in die Herzgegend stieß. Die Kaiserin wurde blutend aufs Schiff gebracht.
ihr Zustand sichtlich verschlimmerte, trug man die Kaiserin ans Land und bettete sie
Tragbare, **wo sie den Geist aufgab.**

Der Mörder, ein Italiener, wurde von der Menge **sofort festgehalten** un
gebracht. Er gab an, ein **Anarchist** zu sein.

Genf, 10. September. Als die Kaiserin ins Hotel gebracht wurde, war sie bereits e

Wien, 10. September. Der Minister-Präsident Graf Thun ist soeben nach S
gefahren, um den Kaiser die Unglücksbotschaft mitzutheilen.

Unentgeltlich.

PAGINA A FRONTE

IN ALTO: il corteo funebre a Ginevra. Sullo sfondo l'albergo Beau Rivage.

IN BASSO: centinaia di migliaia di persone assistettero al passaggio del corteo funebre nelle strade viennesi.

donna ferita. Il capitano riporta indietro la barca, con assi e cuscini viene improvvisata una barella. Intanto sul lungolago si sono riversate molte persone. Due vetturini di carrozze pubbliche avevano notato come l'uomo che aveva colpito l'imperatrice avesse gettato via una lima e avesse iniziato a correre. Prima si diresse lungo il Quai du Mont Blanc, svoltò poi nella rue des

Ora è accaduto, proprio come l'aveva sempre desiderato: in modo rapido, senza dolore, senza consulenze mediche, senza lunghi e angosciosi giorni pieni di preoccupazione per i suoi cari.

Maria Valeria nel suo diario

Alpes. Davanti al monumento di Carlo da Braunschweig fu fermato e immobilizzato. Quando i portantini attraversano il pontile d'imbarco con la barella, è già stato dato l'allarme. Nell'hotel viene preparata la stanza. Il Dr. Golay, il medico che per primo la assiste, cerca di riattivare artificialmente la respirazione, si tentano frizioni con le spazzole. Un'incisione nella mano destra, dalla quale non sgorga una sola goccia di sangue, conferma che la morte è già sopraggiunta. L'arma dalla doppia lama usata dall'assassino era penetrata sotto la quarta costola causando un'emorragia interna. L'assassino, il venticinquenne Luigi Luccheni, un italiano nato a Parigi il 21 aprile 1873, registrato a Losanna, dichiarò di essere un anarchico. Era giunto a Ginevra con l'intenzione di uccidere il conte d'Orleans. Non lo trovò, cercò a

Addio all'imperatrice Elisabetta, esposta nella bara a Vienna.

Évian, anche qui invano; tornò a Ginevra. Qui prese la decisione di uccidere la prima testa coronata che avesse incontrato. Da un giornale aveva appreso che l'imperatrice d'Austria si trovava a Ginevra. Quattro anni prima l'aveva vista a Budapest ed era sicuro di riconoscerla. Così quella stolta lima colpì una donna nobile, tormentata dal dolore, la cui corona era stata una corona di spine. L'11 settembre un treno speciale portò la salma di Elisabetta a Vienna. Elisabetta, come testimonia Christomanos, avrebbe voluto Corfù come ultima dimora; anche nel testamento viene espressa questa volontà. Venne sepolta nella cripta dei cappuccini, la quindicesima delle imperatrici lì sepolte. A Elisabetta, sola in vita, dopo la morte giunsero gli omaggi di tutto il mondo. Da tutte le parti del globo, dalla Francia, dalla Grecia, dall'Italia, dalla Svizzera, dall'Irlanda, dall'Egitto arrivarono fiori per la sua tomba. Le donne del Cairo avevano intrecciato rose di Gerico e fiori di loto con un ramo del vecchio fico sotto il quale, secondo la leggenda, Maria si sarebbe riposata durante la fuga da Erode. Il nastro nero di questa composizione floreale portava l'iscrizione:

I tratti delicati del volto dell'imperatrice Elisabetta sono immortalati in questa maschera mortuaria che la idealizza.

«FLORES ETIAM MISERI DESERTORUM TE SALUTANT!» –
«ANCHE I POVERI FIORI DEL DESERTO TI SALUTANO!»

Elisabetta d'Austria è oggi uno dei personaggi più popolari della storia austriaca e ungherese. A Vienna, Gödöllő, Unterwittelsbach e Possenhofen l'imperatrice viene ricordata in delle mostre, in altri luoghi sono stati eretti monumenti in suo onore:

In alto a sinistra: Feldafing (Baviera; precedentemente Franzensbad in Boemia) • In alto in mezzo: Gödöllő (Ungheria) • In alto a destra: Corfù (Grecia) • In basso a sinistra: Meran (Italia) • In basso in mezzo: Volksgarten di Vienna • In basso a destra: Ginevra (Svizzera).

Pagina a fronte: Franz Windhager, *Monumento all'imperatrice Elisabetta a Vienna*.

Pagina 104: manifesti della famosa trilogia cinematografica di Sissi degli anni Cinquanta.

V.

Il presente testo è composto da passaggi tratti dalle opere *Franz Joseph I. – Der Untergang eines Reiches* (1928) e *Elisabeth – Kaiserin von Österreich* (1929) di Karl Tschuppik. Laddove necessario per la composizione dei passaggi, sono stati aggiunti anni e nomi al fine di mantenere intatto il contesto; inoltre il testo è stato suddiviso in paragrafi tramite dei titoli.

INDICE DELLE FONTI DELLE IMMAGINI:

Legenda: l=a sinistra (laevus), d=a destra (dexter), s=in alto (superus), i=in basso (inferus)

Austrian Newspapers Online: 29, 30d, 72, 101 • Beta Film GmbH, per gentile concessione: 25 • Bundesmobilienverwaltung/Hofmobiliendepot, Vienna: 38 • Castello Schönbrunn: 51, 69d • Collezione privata: 1, 5, 7, 8i, 9d, 11–15, 17, 18ir, 20, 31, 32, 34, 37s, 41–43, 60, 62–65, 69l, 70, 73, 76, 85, 88il, 90, 100, 103 • Hamann, Brigitte: *Elisabeth. Kaiserin wider Willen.* Vienna/Monaco/Berlino 1996: 23 • Kunsthistorisches Museum, Vienna: 25/26 • Biblioteca Nazionale Austriaca: 35l, 98 • Palazzo Reale di Gödöllő: 53 • Wiener Hofburg: 28, 56 • Wien Museum: 6i, 8s, 9sl, 33, 40, 49il, 59, 87, 95 • Le altre illustrazioni provengono dall'archivio della casa editrice Vitalis e da collezioni libere in internet.

COPERTINA: Franz Xaver Winterhalter, *L'imperatrice Elisabetta con stelle di diamante*, 1865. Fotografia di Julius Silver. QUARTA DI COPERTINA: Castello di Schönbrunn, di G. Heisinger e M. Kolb, senza data.

NOTE:

1: Konrad Deubler (1814–1884) a causa dei suoi scritti illuministici e critici verso la religione fu condannato a molti anni di carcere duro.
2: La mia piccola vanità.
3: Non ha il talento di conservare le simpatie.
4: Il padre di Elisabetta, sotto lo pseudonimo di «Phantasus», fece pubblicare numerosi lavori drammatici e novellistici.
5: Elisabetta aveva trovato sulla sua scrivania un libretto nel quale erano stati sottolineati alcuni passaggi che riportavano, fra le altre, queste parole: «La naturale vocazione di una regina è dare successori alla corona [...]. Se la regina non dà alla luce figli maschi è solo un'estranea nello Stato».
6: Il patriota e dirigente politico ungherese Conte Gyula Andrássy (1823–1890) divenne un amico fidato di Elisabetta.
7: Evviva Elisabetta!
8: Carlo Ludovico Grünne, conte di Pinchard (1808–1884), fu un generale austriaco e un protetto dell'arciduchessa Sofia.
9: Il dovere prima di tutto.

© Vitalis, 2023 • Traduzione dal tedesco di Francesca Parenti • Prodotto nell'Unione Europea • ISBN 978-389919-782-2 (Vitalis GmbH) • ISBN 978-80-7253-450-0 (Vitalis s.r.o.) • Tutti i diritti riservati• www.vitalis-verlag.com